规划成功的方向

——初中生生涯教育实践

主　编　杨永健

编　者　殷何莲　李　健　易家志　郭　强

　　　　李　培　饶　琳　蒋雨诗　夏雄飞

　　　　刘　洋　何伟佳　刘秀君　刘志昂

　　　　聂文霞

重庆大学出版社

图书在版编目（CIP）数据

规划成功的方向：初中生生涯教育实践/杨永健主编.-- 重庆：重庆大学出版社，2024.5

ISBN 978-7-5689-3717-7

Ⅰ.①规… Ⅱ.①杨… Ⅲ.①初中生—职业选择

Ⅳ.①G635.5

中国国家版本馆CIP数据核字（2023）第061447号

规划成功的方向
——初中生生涯教育实践

GUIHUA CHENGGONG DE FANGXIANG
——CHUZHONGSHENG SHENGYA JIAOYU SHIJIAN

主编 杨永健
策划编辑：陈一柳
责任编辑：文 鹏　　版式设计：陈一柳
责任校对：关德强　　责任印制：赵 晟

＊

重庆大学出版社出版发行
出版人：陈晓阳
社址：重庆市沙坪坝区大学城西路21号
邮编：401331
电话：（023）88617190　88617185（中小学）
传真：（023）88617186　88617166
网址：http://www.cqup.com.cn
邮箱：fxk@cqup.com.cn（营销中心）
全国新华书店经销
POD：重庆新生代彩印技术有限公司

＊

开本：787mm×1092mm　1/16　印张：11.25　字数：217千
2024年5月第1版　2024年5月第1次印刷
ISBN 978-7-5689-3717-7　定价：35.00元

本书如有印刷、装订等质量问题，本社负责调换

版权所有，请勿擅自翻印和用本书

制作各类出版物及配套用书，违者必究

本书系重庆市教育科学"十三五"规划 2018 年度重点课题"新高考改革背景下初中生生涯教育的实践研究"研究成果，课题批准号：2018-12-067

序

教育是一个永恒的命题，教育承载着许许多多的使命与责任，它能改变人与家庭的命运，能成就一个国家和民族的未来。随着时代的进步、国家的发展，教育的目的更加清晰和具化，教育除了为国家和社会服务，它更要使人成为自己想成为的人，这就需要生涯规划。

国家从公平与人本的角度努力给学生以更大的选择权，帮助学生更早明确发展方向，尊重学生的兴趣，注重学生个性发展。因此，2014年《国务院关于深化考试招生制度改革的实施意见》（国发〔2014〕35号），提出深化考试招生制度的总体目标：2014年启动考试招生制度改革试点，2018年全面推进，录取变得更加多样。对于新高考，有一个形象的比喻："传统的高考如桌餐，现在的方式有点像自助餐，选择自己喜欢的菜，有更多选择的机会和权利。"有了选择，如何选择，也就成了摆在学生和学校面前的关键问题。

新高考的目的是通过考试改革引导高中生在学习共同知识的基础上，有侧重地投入更多时间发展自己的学科兴趣和特长，提早规划生涯，明确大学专业，有的放矢。但很多高中生进入高中后在比较短的时间内就要做出选科134的选择，也就是为大学选专业做准备，这对相当多的高中生来说是很有难度的，他们也是迷茫的。从长远计，生涯教育应该从初中开始，这样给学生的时间更长，思考余地更大，选择质量更高。

本书结合当前新高考改革的大背景，以初中生生涯教育为切入点，以重庆市实验中学初中生为对象进行生涯教育的实践探索，总结出一套有自身特色和可操作性的初中生生涯教育指导经验，也能为初中教师和学生提供参考。

本书分为五篇，自我探索篇由殷何莲、李健编写，用具有亲和力的语言，带领学生认知世界，认识自己，了解自己；学业指导篇由易家志、郭强、李培编写，从学习动机、学习计划、学习习惯和学习方法等方面给学生提供指导；生涯探索篇由饶琳、蒋雨诗、夏雄飞编写，阐述了初中生涯探索的意义，引导学生进行职业和专业探索，在拟定生涯方向的基础上顺势而为，做好初高中衔接；生涯指导篇由刘洋、何伟佳编写，侧重引导学生作出生涯决策，规划生涯路径，并采取各种策略去实践规划，达成目标；心理锤炼篇由刘秀君、刘志昂、聂文霞编写，从心理和情绪方面指导学生自我塑造，蜕变成长。

本书彰显了"让每一个学生适应时代发展"的师者初心，是我们不懈探索生涯教育的真实写照，更是我们为学生筑梦远航而扬起的风帆，为学生成为理想的自己而造就的阶梯。

杨永健

2023 年 2 月 25 日

-目 录-

自我探索篇

白痴科索篇

第 1 节　我是一个怎样的人？

——认识自我

有人问苏格拉底："世上何事最难？"他就回答："认识你自己。"这是一个自古以来最难解决的问题，而解决问题的过程就是自我探索的过程，从古至今有无数的哲人和伟人都在自我探索的路上前行。这一章，我们会进行自我探索，用不同的视角来认识自我。

问题导入

实际上，每个人在成长中都会无数次问自己："我是一个怎样的人？"苏格拉底说："认识自己，方能认识人生。"探索自我是探索人生的必经之路，成功探索自我，才能走出更加适合自己的生涯之路。

知识导航

1. 从宽度视角认识自己的不同部分

为什么认识自己那么难呢？所谓当局者迷，旁观者清，每个人都是在自己的知识背景下，再来认识自己，本身就已经具有局限性和主观性。美国著名社会心理学家约瑟夫·勒夫特和哈林顿·英格拉姆提出的约哈里窗理论，更直观地向我们呈现出这个缺陷。该理论提出了我们认识自己分为 4 个区域（图 1-1-1）：

——**开放区**：代表所有自己知道，他人也知道的信息。

——**盲点区**：代表他人知道而自己不知道的信息。

——**隐秘区**：代表自己知道而他人不知道的信息。这些信息有的是知识性的、经验性的，甚至是创造性思维的结果。

——未知区：代表自己不知道，他人也不知道的信息。这些信息是潜意识、潜在的需要。这是一块大小难以确定的潜在知识区。

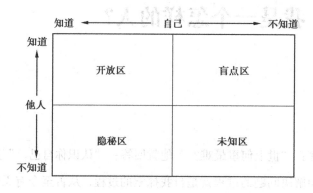

图 1-1-1　认知自我 4 区域

所以，我们以为的"我"，可能不是真的"我"。这就增加了认识自我的难度。但是约哈里窗理论也为认识自己指明了方向，因为 4 个分区并不是静止的而是变化的。我们可以通过内、外部的努力改变约哈里窗 4 个区域的占比大小。当我们开放的、隐秘的区域放大了，我们的盲点和未知区域相对就变小了。我们要做的就是找到更多的视角、更丰富的途径来扩大自己的开放区、隐秘区。在本节里，我们一共提供了 5 个视角来认识自己：我的性格、我的兴趣、我的职业价值观、我的智能和我的角色，如图 1-1-2 所示。

图 1-1-2　认识自我的 5 个视角

2. 从长度视角来认识自己的角色

有一个著名的寓言故事可以帮助我们认识自己。狮身人面兽斯芬克斯每天都在问过往的行人一个问题："有一种动物，它在早晨的时候四条腿，在中午的时候两条腿，在晚上的时候三条腿，那么这个动物是什么呢？"如果过往的人答不上来，就会被狮身人面兽吃掉。年轻的俄狄浦斯在路过的时候，说出了最终的答案："这个动物就是人。"

人的一生是在不断变化发展的。孔子说："吾十有五而志于学，三十而立，四十而不惑，五十而知天命，六十而耳顺，七十而随心所欲，不逾矩。"人生有不同的阶段，而在不同的阶段人也会扮演不同的角色。每个不同的角色会有不同的人生体验和责任。

3. 生涯发展的阶段性

生涯彩虹图是职业生涯规划理论领域最具代表性的人物——舒伯的研究成果。生涯彩虹图很形象地展示了生涯的阶段和生涯研究的不同视角。按照时间顺序，生涯分为成长、探索、建立、维持和衰退5个大的阶段周期，而在这5个大的阶段周期内，还有小的阶段周期。按角色分类，人在一生当中必须扮演9种主要的角色，依次是：儿童、学生、休闲者、公民、工作者、夫妻、家长、父母、退休者。不同角色的交互影响，塑造出个体独特的生涯模式，舒伯用生涯彩虹图的方式来呈现一个人角色变化的过程，如图1-1-3所示。

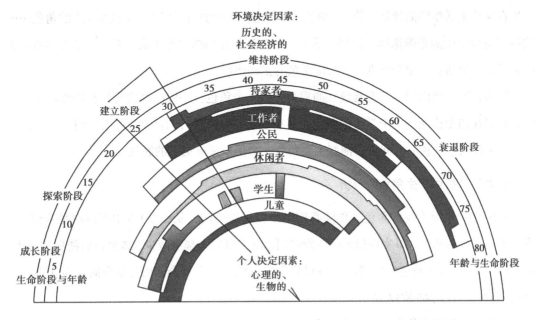

图1-1-3 生涯彩虹图

第一，最直观的是生活广度视角。该图的最外层展示了两个信息，一是从出生到死亡的时间变化即一个人整个生命历程，二是生涯发展的各阶段。

第二，区域最大的是生活空间视角。该图内部各层就是一个人终其一生所扮演的各种不同角色。在同一个时期，个体的生涯角色是多样的，在同一时期每个生命都在扮演不同的角色。如一个初中生同时是学生、同学、儿子或女儿、公民……每一个个体的人生都是多面人生、多彩人生。

第三，阴影代表在各个阶段对角色的投入程度。阴影越多代表对角色投入越多。该图简单精确地告诉我们各阶段该如何调配角色，因为对生涯角色投入程度是不同的，生涯角色的投入程度是由个体在该时期内所要解决的主要矛盾决定的。例如一个初中生所要解决的主要矛盾是中考的成绩要求与自身学习水平之间的矛盾。如果一个初中生能够做出正确的价值选择，那么他在"学生"这个角色上的投入一定远远超过其他角色。

明确生涯角色对认识自我非常重要。生涯角色就是自我的一部分。在同一时期，个体扮演着不同的生涯角色，把一个角色演绎完美是可能的，把所有角色都演绎完美是不可能的，所以生涯角色是需要平衡的。古人常说"忠孝不能两全"，意思是说：一个人活在世上，为国家尽忠，为父母尽孝这二者不能都做到最好。但是，我们可以在抓住主要矛盾的前提下，努力兼顾，尽可能地把每一个角色演绎好，不能只解决主要矛盾而忽略次要矛盾的解决。初中生在学校生活中要演绎好"学生"角色，在家庭生活中要演绎好"儿子或女儿"的角色……这些都是初中生的正确选择。演绎"学生"角色就是在演绎"儿子或女儿"，反之亦然。正确演绎好一个角色一定会促进你对其他角色的正确演绎。

第四，这一理论同时具有延续性的视角。同一个角色在一段时期内是具有延续功能的。例如要想在初中扮演好一个学生的角色，那在小学的时候所打的基础也是有价值的。所以，在每个生涯角色的核心时间，扮演好主要角色，会让未来有更多的底气。

4. 对第二层中学生角色的分析

学生是一个很重要的角色，伴随我们一生较长的时间，从图1-1-3中可以清楚看到从5岁开始进入学生角色，10岁以后加强一段时间，20岁以后大幅度减少，25岁以后便戛然而止，在30岁以后，学生角色又出现，40岁以后学生角色几乎占有全部的生活空间，但几年后又会完全消失，直到65岁以后。

为什么学生的角色会有起起伏伏和转变？

5~10岁的儿童还处于懵懂时期，渴望有一个多彩童年，对于学习的认知度不够。而10

岁之后的青少年处于一个探索阶段。他们有了自我认知，对新事物的渴望和对未来的定义会让他们加强学习，充实自我并不断朝着目标去前进。这段时间也包括了非常关键的中考、高考，所以这个阶段有较深颜色的持续。20 岁至 25 岁以后的这段时期较为复杂，他们离开学校步入社会，会有一段时间的沉寂。期间他们没有固定时间去学习，沉浸在各行各业的工作之中，乃至结婚生子。而在 30 岁以后，社会的不断发展，知识的更替，自己所拥有的已不能满足自身的需求，导致他们会感觉自己变得局限，需要再次不断地扩充知识，最后到一定的年龄开始稳定。

而每一个阶段都带有任务：

——成长阶段：是认知发展的一个重要的阶段，在这个阶段开始有自我观念，辨别身边事物，学习基础的知识，了解社会团体的构成，对职业有相对概念。

——探索阶段：进行角色试探，了解自己的兴趣爱好，评估能力，发展特长，选择相应课程，为以后从事的职业做准备。

——建立阶段：根据经验积累和对自我的认知选择教育机会、就业专业从而完善就业技能，并找到稳定的工作，有的还完成了对伴侣的选择，成家立业。

——维持阶段：维持生活和工作的稳定，寻求更深层次的自我发展。

——退出阶段：从前面的奋斗时期退场，从之前的角色中退出，重新根据自身的能力去发展新的角色。

每个人的性格、价值观、能力等都是不同的，所带来的人生经历和发展也会有所不同。然而万变不离其宗，这五个阶段对所有角色的循环交替都是不可避免的。要对自己的人生角色有合适的规划，前方的路才不会走得仓促。

故事导发

张艺谋的职业生涯规划

1968 年初中毕业后，张艺谋在陕西乾县农村插队劳动，后在陕西咸阳国棉八厂当工人。1978 年，他考入北京电影学院摄影系学习。1982 年毕业后他任广西电影制片厂摄影师。1984 年作为摄影师拍摄了影片《黄土地》，崭露头角。1987 年主演影片《老井》，颇受好评。

1987 年，张艺谋导演的一部《红高粱》，以浓烈的色彩、豪放的风格，颂扬中华民族激奋昂扬的民族精神，融叙事与抒情、写实与写意于一炉，发挥了电影语言的独特魅力，广获赞誉。正是这部电影，让张艺谋成功地实现了从演员到导演的转型，并以一个成功导演的角色进入公众视野，奠定了张艺谋导演的地位。

从此，张导便一发不可收拾，在经过拍摄艺术片的成功后，他又转向了商业大片，《英雄》《十面埋伏》《满城尽带黄金甲》等一部部商业大片的红火为他带来了巨大的声誉，并最终带他走到了中国电影业旗帜性的位置。

2008年北京奥运会开幕式，张艺谋又以其独特的大手笔，面向全世界展示了一部绝对中国的完美"大片"，这也使得张艺谋站上了生涯的巅峰。

从插队劳动的农民到工人—学生—摄影师—演员—导演，一次次巨大的职业跳跃和转型才最终造就了一个成功的导演。让我们共同来探析张艺谋导演的职业生涯发展及规划过程。

——职业准备期

特殊的历史环境，使得年轻时的张艺谋未能上高中就插队当了农民和工人。很多人像他一样，但能像他一样坚持自己梦想的却不多。终于，在1978年，张艺谋以27岁的"高龄"去学习自己钟爱的摄影，为自己未来的转型进行积累。

——职业转型期

重新进入课堂学习后，张艺谋老老实实地做起了摄影，虽然他的志向是导演，但他显然十分清楚自己要做什么。这个时候的他仍要学习，不是在课堂上，而是在实践中学习。

——职业冲刺期

在《黄土地》获奖后，张艺谋有两个选择：继续做一个已经很成功的摄影师或者转型开始做导演。然而，他却做了意料之外的选择，做一名演员，并且获得了一定的成功。不过也可以说，这实在是最明智的选择。要做导演，特别是要想成为较有建树的导演，当然最好能亲身体验如何做演员，这样才能在拍片的时候和演员们契合。

——职业发展期

《红高粱》成功以后，张艺谋拍了一段时间的文艺片，在全国大众都熟悉了他的名字后，张艺谋敏锐地认识到了商业片的市场价值，并认为它与中国电影市场的需求相契合，他开始转向了商业大片，开始了自己的大片之旅，并一直延续到现在。

尤其是 2008 年北京奥运会开幕式的导演工作,使得张艺谋导演蜚声海内外,风头无人能及。

张艺谋导演的成长历程告诉我们,清晰的职业规划是成功的保障。同学们有更好的学习环境,也有更好的成才条件,应该抓住机遇,合理规划职业发展,获得职业生涯的成功。

活动导学

绘制我的生涯彩虹图

在图 1-1-4 上,为每一个角色选择一种颜色,用每个角色对应的颜色笔在生涯彩虹图上画上角色的起止年龄节点,根据不同年龄段的时间投入情况,依次给每个角色画出具体的宽度。

完成后思考:当下最重要的角色是什么?打算在这个重要角色上做哪些投入或者采取什么行动?将自己当下到未来五年用三角形的方式标注出来,思考从现在需要如何努力,为该阶段做好准备。

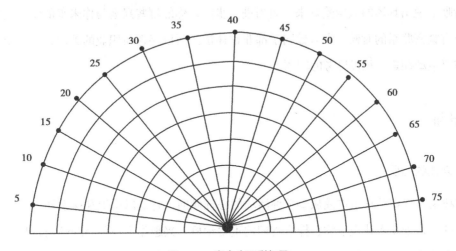

图 1-1-4 空白生涯彩虹图

参考文献

[1] 金树人. 生涯咨询与辅导 [M]. 北京:高等教育出版社,2007:78-79.

第 2 节　我喜欢什么？

——我的兴趣

常言道：兴趣是最好的老师。如何在学习之余，发现自己的兴趣，培养自己的兴趣，找到自己的职业兴趣呢？我们将在本节的学习中逐渐探索。

问题导入

当问一个同学，你对什么感兴趣？很多同学会说，喜欢吃，或者喜欢睡觉，少部分同学会很清晰地说出具体的兴趣爱好来。而当进一步问，你的哪些兴趣与你未来的学校选择、职业选择有紧密联系的时候，大多数同学都非常迷茫。所以兴趣与职业的关联，是一个人在成长中需要主动探索、积极思考的问题。

知识导航

1.兴趣的品质

兴趣是人认识某种事物或从事某种活动的心理倾向，它是以认识和探索外界事物的需要为基础的，是推动人认识事物、探索真理的重要动机。兴趣作为一种心理倾向，是一个人在从小到大的生活中逐渐形成的。一个人处于婴儿时期的时候，出于本能和天性，婴儿的兴趣自然发生而无须学习。随着年龄的增长，兴趣受到更多因素的影响。人类有源自内在的好奇心——好奇心会推动一个人对某方面的兴趣，也有情感状态的影响。从一定程度上讲，兴趣也是一种情感状态。兴趣包括了 4 种品质，分别是兴趣的倾向性、兴趣的广度、兴趣的稳定性和兴趣的效能。

——**兴趣的倾向性**，指兴趣所指向的内容。它是指向物质的，还是指向精神的；是指向高尚的，还是指向低俗的内容。

——**兴趣的广度**，指兴趣的范围大小。有人兴趣广泛，有人兴趣狭窄。一般说来，兴趣广泛的人能获得更广博的知识。

——**兴趣的稳定性**，指兴趣能长时间保持在某一或某些对象上。只有具备了稳定性，一个人才可能在兴趣广泛的背景下形成中心兴趣，使兴趣获得深度。

——**兴趣的效能**，是指兴趣对活动发生作用的大小。凡是对实际活动发生的作用大的兴趣其作用也大；反之，对实际活动发生作用小的兴趣，其作用也小。

2. 认识职业兴趣

在初中阶段，我们可以从更多的方面来了解自己的兴趣。职业兴趣是兴趣中的一个重要方面，影响着我们未来的职业选择。霍兰德职业兴趣测验由美国著名职业指导专家约翰·霍兰德（John Holland）编制，其将人的职业兴趣分为 6 种类型，分别是社会型、企业型、常规型、实际型、研究型和艺术型（图 1-2-1）。这 6 个类型是相关联的，可以通过六角模型看到它们之间的联系。这项测试有助于我们发现自己的职业兴趣。

（1）社会型（S）

兴趣特征：他们喜欢与人交往，不断结交新的朋友，善言谈，愿意教导别人；关心社会问题，渴望发挥自己的社会作用；寻求广泛的人际关系，比较看重社会义务和社会道德。

适合行业：要与人打交道的工作，能够不断结交新的朋友；可处理提供信息、启发性、帮助、培训、创意开发或治疗等事务，例如教育行业、社会工作行业。

典型职业：教师、教育行政人员、咨询人员、公关人员、导游、福利机构工作者、学校领导等。

（2）企业型（E）

兴趣特征：追求权力、权威和物质财富，具有领导才能；喜欢竞争，敢冒风险，有野心、抱负；为人务实，习惯以利益得失、权力、地位、金钱等来衡量做事的价值，做事有较强的目的性。

适合行业：要求具备经营、管理、劝服、监督和领导才能，以实现机构、政治、社会及经济目标的行业。

典型职业：项目经理、销售人员、营销管理人员、公务员、企业领导、法官、律师、广告宣传员、调度员、政治家、饭店经理、旅馆经理等。

（3）常规型（C）

兴趣特征：尊重权威和规章制度，喜欢按计划办事，细心、有条理，习惯接受他人的指挥和领导，自己不谋求领导职务。喜欢关注实际和细节情况，通常较为谨慎和保守，缺乏创造性，不喜欢冒险和竞争，富有自我牺牲精神。

适合行业：要求注意细节、精确度，有系统有条理，具有记录、归档能力，能根据特定要求或程序组织数据和文字信息的行业。

典型职业：秘书、办公室人员、记事员、会计、行政助理、图书馆管理员、出纳员、打字员、投资分析员、成本估算员、税务员、核算员等。

（4）实际型（R）

兴趣特征：愿意使用工具从事操作性工作，动手能力强，做事手脚灵活，动作协调；偏好于具体任务，不善言辞，做事保守，较为谦虚；缺乏社交能力，通常喜欢独立做事。

适合行业：使用工具、机器，需要基本操作技能的工作；要求具备机械方面才能、充沛体力或从事与物件、机器、工具、运动器材、植物、动物相关的职业，如技术性职业、技能性职业。

典型职业：计算机硬件人员、摄影师、制图员、机械装配工、木匠、厨师、技工、修理工、农民、工程师、飞机机械师等。

（5）研究型（I）

兴趣特征：思想家而非实干家，抽象思维能力强，求知欲强，肯动脑，善思考，不愿动手；喜欢独立的和富有创造性的工作；知识渊博，有学识才能，不善于领导他人。考虑问题理性，做事喜欢精确，喜欢逻辑分析和推理，不断探讨未知的领域。

适合行业：解决智力的、抽象的、分析的、独立的定向任务，要求具备智力或分析才能，并将其用于观察、估测、衡量，形成理论，最终解决问题的工作。

典型职业：科学研究人员、教师、工程师、电脑编程人员、医生、系统分析员、化学家、动物学家、编辑、药剂师等。

（6）艺术型（A）

兴趣特征：有创造力，乐于创造新颖、与众不同的成果，渴望表现自己的个性，实现自身的价值；做事理想化，追求完美，不重实际；具有一定的艺术才能和个性；善于表达，怀旧，心态较为复杂。

适合行业：非事务性工作，而是要求具备艺术修养、创造力、表达能力和直觉，并将其用于语言、行为、声音、颜色和形式的审美、思索和感受的工作，例如艺术、音乐、文学行业的。

典型职业：演员、导演、艺术设计师、雕刻家、建筑师、摄影家、广告制作人、歌唱家、作曲家、乐队指挥、小说家、诗人、剧作家、漫画家。

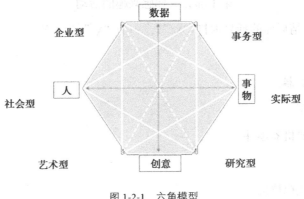

图 1-2-1   六角模型

故事导发

兴趣是保有热情的秘诀

摩西奶奶是闻名全球的风俗画画家，但是她并没有接受过专业的美术训练，只是因为热爱。也正是因为热爱，她才能把自己一直生活的农场里的各种场景画成画作，那画作里的真实、细腻打动了所有人。

无独有偶，在摩西奶奶 100 岁的时候，有一个叫春水上行的日本年轻医生给她写信，询问她自己是否应该放弃骨科医生的稳定工作，去从事变数较多的写作。摩西奶奶给她回信道："做你喜欢做的事，上帝会高兴地帮你打开成功之门，哪怕你现在已经 80 岁了。"这位叫春水上行的日本青年就是我们熟悉的日本作家渡边淳一。

摩西奶奶和渡边淳一都找到了自己喜欢做的事情。所以兴趣是最好的老师，不分国籍，不分年龄，它让人在热爱中找到自己的方向。

活动导学

制定自己的兴趣与职业探索方案

完成霍兰德职业兴趣测试，根据测试的结果，查找更多的职业信息资料，进行初步的兴趣与职业的探索。完成下面的表格。

霍兰德职业兴趣测试题

第1部分　你感兴趣的活动

在你喜欢做的事情后面的括号内打"√"，一个"√"为1分。

1.R型（实际型）

（1）装配修理电器。　　　　　　　　　　　　　　　　　　　（　　）

（2）修理自行车。　　　　　　　　　　　　　　　　　　　　（　　）

（3）装修机器或机器零件。　　　　　　　　　　　　　　　　（　　）

（4）做木工活。　　　　　　　　　　　　　　　　　　　　　（　　）

（5）驾驶卡车或拖拉机。　　　　　　　　　　　　　　　　　（　　）

（6）开机床。　　　　　　　　　　　　　　　　　　　　　　（　　）

（7）开摩托车。　　　　　　　　　　　　　　　　　　　　　（　　）

（8）上金属工艺课。　　　　　　　　　　　　　　　　　　　（　　）

（9）上机械制图课。　　　　　　　　　　　　　　　　　　　（　　）

（10）上木工手艺课。　　　　　　　　　　　　　　　　　　（　　）

（11）上电气自动化技术课。　　　　　　　　　　　　　　　（　　）

2.I型（研究型）

（1）阅读科技书刊。　　　　　　　　　　　　　　　　　　　（　　）

（2）在实验室工作。　　　　　　　　　　　　　　　　　　　（　　）

（3）研究某个科研项目。　　　　　　　　　　　　　　　　　（　　）

（4）制作飞机、汽车模型。　　　　　　　　　　　　　　　　（　　）

（5）做化学实验。　　　　　　　　　　　　　　　　　　　　（　　）

（6）阅读专业性论文。　　　　　　　　　　　　　　　　　　（　　）

（7）解一道数学或棋艺难题。　　　　　　　　　　　　　　　（　　）

（8）上物理课。　　　　　　　　　　　　　　　　　　　　　（　　）

（9）上化学课。　　　　　　　　　　　　　　　（　　）

（10）上数学课。　　　　　　　　　　　　　　　（　　）

（11）上生物课。　　　　　　　　　　　　　　　（　　）

3.A 型（艺术型）

（1）素描、制图或绘画。　　　　　　　　　　　（　　）

（2）表演戏剧、小品或相声节目。　　　　　　　（　　）

（3）设计家具或房屋。　　　　　　　　　　　　（　　）

（4）在舞台上演唱或跳舞。　　　　　　　　　　（　　）

（5）演奏一种乐器。　　　　　　　　　　　　　（　　）

（6）阅读流行小说。　　　　　　　　　　　　　（　　）

（7）听音乐会。　　　　　　　　　　　　　　　（　　）

（8）从事摄影创作。　　　　　　　　　　　　　（　　）

（9）阅读电影、电视剧本。　　　　　　　　　　（　　）

（10）读诗写诗。　　　　　　　　　　　　　　　（　　）

（11）上书法美术课。　　　　　　　　　　　　　（　　）

4.S 型（社会型）

（1）给朋友们写信。　　　　　　　　　　　　　（　　）

（2）参加学校、单位组织的正式活动。　　　　　（　　）

（3）加入某个社会团体或俱乐部。　　　　　　　（　　）

（4）帮助别人解决困难。　　　　　　　　　　　（　　）

（5）照看小孩子。　　　　　　　　　　　　　　（　　）

（6）参加宴会、茶话会或联欢晚会。　　　　　　（　　）

（7）跳交谊舞。　　　　　　　　　　　　　　　（　　）

（8）参加讨论会或辩论会。　　　　　　　　　　（　　）

（9）观看运动会或体育比赛。　　　　　　　　　（　　）

（10）寻亲访友。　　　　　　　　　　　　　　　（　　）

（11）阅读与人际交往有关的书刊。　　　　　　　（　　）

5.E 型（企业型）

（1）对他人做劝说工作。　　　　　　　　　　　（　　）

（2）买东西与人讨价还价。 （ ）

（3）讨论政治问题。 （ ）

（4）从事个体或独立的经营活动。 （ ）

（5）出席正式会议。 （ ）

（6）做演讲。 （ ）

（7）在社会团体中做一名理事。 （ ）

（8）检查与评价别人的工作。 （ ）

（9）结识名流。 （ ）

（10）带领一群人去完成某项任务。 （ ）

（11）参与政治活动。 （ ）

6.C 型（常规型）

（1）保持桌子和房间整洁。 （ ）

（2）抄写文章或信件。 （ ）

（3）开发票、写收据或打回条。 （ ）

（4）打算盘或用计算机计算。 （ ）

（5）记流水账或备忘录。 （ ）

（6）上打字课或学速记法。 （ ）

（7）上会计课。 （ ）

（8）上商业统计课。 （ ）

（9）将文件、报告、记录分类与归档。 （ ）

（10）为领导写公务信函与报告。 （ ）

（11）检查个人收支情况。 （ ）

第 2 部分　你所擅长或胜任的活动

只需考虑你对所列活动是否擅长、胜任，不必考虑是否喜欢。如果你从未从事过某一活动，那就请考虑你将来是否会擅长从事该项活动。如果你认为你擅长从事某一活动，就请在活动后的相应题号后的括号里划"√"，一个"√"为 1 分。

1.R 型（实际型能力）

（1）使用锯子、钳子、车床、砂轮等工具。 （ ）

（2）使用万能电表。 （ ）

（3）给自行车或机器加油，使它们正常运转。 （ ）

（4）使用钻床、研磨机、缝纫机等。 （ ）

（5）修整木器家具表面。 （ ）

（6）看机械、建筑设计图纸。 （ ）

（7）修理结构简单的家用电器。 （ ）

（8）制作简单的家具。 （ ）

（9）绘制机械设计图纸。 （ ）

（10）修理收音机、录音机的简单部件。 （ ）

（11）疏通、修理自来水管或下水道。 （ ）

2.I 型（研究型能力）

（1）了解真空管的工作原理。 （ ）

（2）知道三种以上蛋白质含量高的食物。 （ ）

（3）知道一种放射性元素的半衰期。 （ ）

（4）使用对数表。 （ ）

（5）使用计算器或计算尺。 （ ）

（6）使用显微镜。 （ ）

（7）辨认三个星座。 （ ）

（8）说明白血球的功能。 （ ）

（9）解释简单的化学分子式。 （ ）

（10）理解人造卫星不会落地的道理。 （ ）

（11）参加科技竞赛或科研成果交流会。 （ ）

3.A 型（艺术型能力）

（1）演奏一种乐器。 （ ）

（2）参加二重唱或四重唱表演。 （ ）

（3）独奏或独唱。 （ ）

（4）扮演剧中角色。 （ ）

（5）说书或讲故事。 （ ）

（6）表演现代舞或芭蕾舞。 （ ）

（7）画人物素描。 （ ）

（8）画油画或制作雕塑。　　　　　　　　　　　　　　　　　（　　）

（9）制造陶器、捏泥塑或剪纸。　　　　　　　　　　　　　　（　　）

（10）设计服装、海报或家具。　　　　　　　　　　　　　　（　　）

（11）写一手好文章。　　　　　　　　　　　　　　　　　　（　　）

4.S 型（社会型能力）

（1）善于向别人解释问题。　　　　　　　　　　　　　　　　（　　）

（2）参加慰问或救济活动。　　　　　　　　　　　　　　　　（　　）

（3）与人合作、配合默契。　　　　　　　　　　　　　　　　（　　）

（4）殷勤待客。　　　　　　　　　　　　　　　　　　　　　（　　）

（5）能深入浅出地教育儿童。　　　　　　　　　　　　　　　（　　）

（6）为一次宴会安排娱乐活动。　　　　　　　　　　　　　　（　　）

（7）帮助他人解决困难。　　　　　　　　　　　　　　　　　（　　）

（8）帮助护理病人或伤员。　　　　　　　　　　　　　　　　（　　）

（9）安排学校或社团组织的各种集体事务。　　　　　　　　　（　　）

（10）善察人心或善于判断人的性格。　　　　　　　　　　　（　　）

（11）善于与年长者相处。　　　　　　　　　　　　　　　　（　　）

5.E 型（企业型能力）

（1）学校里当过班干部并且干得不错。　　　　　　　　　　　（　　）

（2）善于督促他人工作。　　　　　　　　　　　　　　　　　（　　）

（3）善于使他人按你的习惯做事。　　　　　　　　　　　　　（　　）

（4）做事具有超常的精力和热情。　　　　　　　　　　　　　（　　）

（5）能做一名称职的推销员。　　　　　　　　　　　　　　　（　　）

（6）代表某个团体向有关部门提建议、意见。　　　　　　　　（　　）

（7）担任某种领导职务期间获奖或受表扬。　　　　　　　　　（　　）

（8）说服别人加入你所在的团体（俱乐部、运动队、工作或研究组等）。　（　　）

（9）创办一家商店或企业。　　　　　　　　　　　　　　　　（　　）

（10）知道如何做一位成功的领导人。　　　　　　　　　　　（　　）

（11）有很好的口才。　　　　　　　　　　　　　　　　　　（　　）

6.C 型（常规型能力）

（1）一天能抄写近一万字。 （ ）

（2）能熟练地使用算盘或计算器。 （ ）

（3）能够熟练地使用中文打字机。 （ ）

（4）善于将书信、文件迅速归档。 （ ）

（5）做过办公室职员工作且做得不错。 （ ）

（6）核对数据或文章时既快又准确。 （ ）

（7）会使用外文打字机或复印机。 （ ）

（8）善于短时间内分类和处理大量文件。 （ ）

（9）记账或开发票时既快又准确。 （ ）

（10）善于为自己或集体做财务预算（表）。 （ ）

（11）能迅速誊清贷方和借方的账目。 （ ）

第 3 部分　你所喜欢的职业

下面列举了许多职业，如果你对某个职业喜欢的话，请在相应职业后的括号里打"√"。一个"√"为 1 分。

1.R 型（实际型职业）

（1）飞行机械技术人员。 （ ）

（2）鱼类和野生动物专家。 （ ）

（3）自动化工程技术人员。 （ ）

（4）木工。 （ ）

（5）机床安装工或钳工。 （ ）

（6）电工。 （ ）

（7）税务工作者。 （ ）

（8）校对员。 （ ）

（9）打字员。 （ ）

（10）办公室秘书。 （ ）

（11）质量检查员。 （ ）

2.I 型（研究型职业）

（1）气象研究人员。 （ ）

（2）生物学研究人员。 （ ）

（3）天文学研究人员。 （ ）

（4）药剂师。 （ ）

（5）人类学研究人员。 （ ）

（6）化学研究人员。 （ ）

（7）科学杂志编辑。 （ ）

（8）植物学研究人员。 （ ）

（9）物理学研究人员。 （ ）

（10）科普工作者。 （ ）

（11）地质学研究人员。 （ ）

3.A 型（艺术型职业）

（1）诗人。 （ ）

（2）文学艺术评论家。 （ ）

（3）作家。 （ ）

（4）记者。 （ ）

（5）歌唱家或歌手。 （ ）

（6）作曲家。 （ ）

（7）剧本写作人员。 （ ）

（8）画家。 （ ）

（9）相声演员。 （ ）

（10）乐团指挥。 （ ）

（11）电影演员。 （ ）

4.S 型（社会型职业）

（1）街道、工会或妇联负责人。 （ ）

（2）中学教师。 （ ）

（3）青少年犯罪问题专家。 （ ）

（4）中学校长。 （ ）

（5）心理咨询人员。 （ ）

（6）精神病医生。 （ ）

（7）职业介绍所工作人员。（　　）

（8）导游。（　　）

（9）共青团负责人。（　　）

（10）福利机构负责人。（　　）

（11）婚姻介绍所工作人员。（　　）

5.E 型（企业型职业）

（1）供销科长。（　　）

（2）推销员。（　　）

（3）旅馆经理。（　　）

（4）商店管理人员。（　　）

（5）厂长。（　　）

（6）律师或法官。（　　）

（7）电视剧制作人。（　　）

（8）饭店或食店经理。（　　）

（9）人民代表。（　　）

（10）服装批发商。（　　）

（11）企业管理咨询人员。（　　）

6.C 型（常规型职业）

（1）簿记员。（　　）

（2）会计师。（　　）

（3）银行出纳员。（　　）

（4）法庭书记员。（　　）

（5）人口普查登记员。（　　）

（6）成本核算员。（　　）

（7）税务工作者。（　　）

（8）校对员。（　　）

（9）打字员。（　　）

（10）办公室秘书。（　　）

（11）质量检查员。（　　）

第4部分 统计和确定你的职业倾向

请将第1部分至第3部分的全部测验分数填入下表，并纵向累加。

	R型	I型	A型	S型	E型	C型
第1部分						
第2部分						
第3部分						
总分						

得分高的前三项依次是：_____型、_____型、_____型

表1-2-1　我的测试结果

测试项目	我的探索
我的兴趣	
我的职业兴趣倾向类型	
我感兴趣的职业	
我应重点关注的职业	

参考文献

［1］中国就业培训技术指导中心，中国心理卫生协会.心理咨询师（基础知识）［M］.北京：民族出版社，2015.

第 3 节　我适合做什么?

——我的性格

性格是一个人的人生底色。不同性格的人,有不同的行为模式和选择模式。世界上最难的事情是认识自我,而认识自我之中,最重要的环节是看清自己的性格,了解自己的性格特点,扬长避短,不断成长。

问题导入

一个人在青春期这个阶段,自我意识会不断增强,尤其是进入初中阶段。在这个阶段很多人都会思考类似"我是谁""我是一个怎样的人"这样的问题。而一个人的所有行为和习惯,都脱离不了自己的性格特质。了解自己的性格特质,就能更好地认识自己。

知识导航

1.认识人格

人格是一个人在成长中认知、情绪与情感、意志、行为等所有心理模式的总和。由此人格具有独特性、统合性、功能性和稳定性四个主要特征。

——独特性

一个人的人格是在遗传、环境、教育等因素的交互作用下形成的。不同的遗传、生存及教育环境,形成了各自独特的心理,没有完全一样的人格特点。在人格形成与发展中,既有生物因素的制约作用,也有社会因素的作用。所谓"人心不同,各有其面",这就是人格的独特性。但是,人格的独特性并不意味着人与人之间毫无相同之处。人格作为一个人的整体特质，既包括每个人与其他人不同的心理特点，也包括人与人之间在心理面貌上相同的方面，如每个民族、阶级和集团的人都有其共同的心理特点。人格是共同性与差别性的统一，是生物性与社会性的统一。

——统合性

人格是由多种成分构成的一个有机整体，具有内在统一的一致性，受自我意识的调控。人格统合性是心理健康的重要指标，当一个人的人格结构在各方面彼此和谐统一时，他的人格就是健康的。否则，可能会出现适应困难，甚至出现人格分裂。

——功能性

人格决定一个人的生活方式，甚至决定一个人的命运，因而是人生成败的根源之一。当面对挫折与失败时，坚强者能发奋拼搏，懦弱者会一蹶不振，这就是人格功能的表现。

——稳定性

人格具有稳定性。个体在行为中偶然表现出来的心理倾向和心理特征并不能表征他的人格。俗话说，"江山易改，秉性难移"，这里的"秉性"就是指人格。当然，强调人格的稳定性并不意味着它在人的一生中是一成不变的，随着生理的成熟和环境的变化，人格也有可能产生或多或少的变化，这是人格可塑性的一面。正因为人格具有可塑性，才能培养和发展人格。人格是稳定性与可塑性的统一。

2. 探索自己的气质

一个人的人格包括了气质和性格。气质是天生的，可变性较小，而性格是一个人成长中不断形成的。气质包括四个类型，分别是：胆汁质、多血质、黏液质、抑郁质。

（1）胆汁质

这类气质的人属于兴奋型，精力旺盛，为人热忱，态度直率，在克服困难上有不可遏止和坚韧不拔的劲头。但往往考虑不周全，性急，易于爆发狂热而不能自制。其工作带有明显的周期性特点，能以极大的热情投入工作，克服前进中的困难。他们很适宜从事开拓性的工作。但如果对工作失去信心，情绪顿转为沮丧，疲惫不堪。

适合职业：从事困难较大的工作，如导游、推销员、节目主持人、演讲者、外事接待人员、演员等。

（2）多血质

这类气质的人有很高的灵活性，善于交际，很易适应新环境，在集体中容易处事，朝气蓬勃，机智敏锐，对新鲜事物敏感。这种人对什么都感兴趣，但情感易变，如果事业上不顺利，其热情可能烟消云散。由于这种人机智敏感，在从事多样化和多变的工作时，成绩卓越。

适合职业：适合做要求反应迅速而敏感的工作，而且适合的工作最广泛，如外交工作、管理工作、驾驶员、纺织工人、服务人员、医生、律师、运动员、新闻记者、演员、检票员、军人、公安民警等。

（3）黏液质

这类气质的人是安详、平稳、坚定和顽强的务实劳动者。他们埋头苦干，不被无关的事情分心，态度持重，交际适度。其不足是有些事情不够灵活，不善于转移自己的注意力。惰性使他们因循守旧。

适合职业：适宜从事有条理的、冷静的和持久的工作，如外科医生、法官、管理人员、出纳员、播音员、话务员、会计、调解员等。

（4）抑郁质

这类气质的人孤僻、敏感、多愁善感、犹豫不决、优柔寡断，但细心、谨慎、感受能力强，在友好团结的集体中，他们能与人融洽相处。

适合职业：比较适合做细致的工作，如文字处理、排版、检验员、登录员、化验员、雕刻工作者、刺绣工作者、保管员、机要秘书等。

多数人的气质是一般型气质或两种气质的混合型，典型气质和三种气质混合型的人较少。而且气质没有好坏之分，但是受到后天环境的塑造，相同气质的人表现出来的个性和行为特质又会有所不同。而性格是一个人对现实的稳定态度，以及与这种态度相应的、习惯化了的行为方式中表现出来的人格特征。

3. 探索自己的性格

性格是在后天社会环境中逐渐形成的，是个体独有的并与其他个体区别开来的整体特性，具有一定倾向性的、稳定的、本质的人格差异，我们称之为性格差异。同时，性格也不会一成不变的，根据后天的自我训练，也是可以发生变化的。由瑞士著名人格心理学家荣格依据心理倾向来划分人格类型，最先提出了内—外向人格类型学说。他将人的性格分为内倾型和外倾型，这也是通常我们对人的性格的直观感受，然而性格还有更多的维度。我们可以借助心理学里的九型人格测试来了解一下自己。

九型人格可以让我们更清醒地认知并发展自己，知道如何扬长避短以及取长补短，也可以让我们清楚在与不同风格的人沟通中如何把握分寸，达到理想的效果。以下是对 9 种类型人格的简要介绍：

——1 号人格：**完美主义者**

内心的正确标准变成严格的自我要求。不断产生自责的思想。有一种强迫性需要。只接受正确的事情。

——2 号人格：**给予者**

争取得到他人支持，避免被他人反对。对自己的重要性感到骄傲。认为"他们没有我不行"。

——3 号人格：**实干者**

看重自己的表现和成就。讲究效率。喜欢竞争，避免失败。相信爱情来自你能提供什么，而不在于你是谁。

——4 号人格：**悲情浪漫者**

觉得有些东西在生活中遗失了，而别人又恰好拥有自己遗失的东西。被遥不可及的事物深深吸引。把一个不存在的恋人理想化。

——5 号人格：**观察者**

私密。保持不被涉及的状态。感到威胁时，第一道防线是撤退，或者系紧安全带。害怕用心去感觉。

——6 号人格：**怀疑论者**

拖延行动。用思想代替行动。工作无法善始善终。忘记对成功和快乐的追求。对权威的极端态度：要么顺从，要么反抗。

——7 号人格：**享乐主义者**

需要保持高度的兴奋。同时参与多项活动，对很多事情都感兴趣。喜欢保持感情的高峰状态。

——8 号人格：**领导者**

控制个人的占有物和空间，控制那些可能影响自己生活的人。具有进攻性，公开表达自己的愤怒。关注正义，喜欢保护他人。

——9 号人格：**调停者**

用不必要的事物来取代真实的需要。最重要的事情往往被留在一天的最后时刻。难以做出决定："我是同意，还是不同意？"

故事导发

中国飞人苏炳添

2020 年 8 月 1 日，东京奥运会百米半决赛，苏炳添以 9 秒 83 的成绩，成为小组第一，顺利跑进决赛。因为黑人选手在耐力、速度、弹跳方面有天然的优势，所以百米竞赛一直是黑人的天下。于黄种人而言，能破 10 秒已经是奇迹。现在，苏炳添不仅创造了奇迹，更是打破了黄种人的极限，成了世界上第一个站在男子 100 米决赛跑道的黄种人。而且苏炳添已经 32 岁了，这意味着他早已过了运动员的鼎盛时期，身体机能已经下滑。在这种难上加难的情况下，他挺进决赛，用一己之力，改变世界对黄种人的刻板印象。

然而苏炳添初练短跑，就不被看好。由于资质平平，身材太矮，市体校的教练几次拒绝接收他。好不容易步入正轨，他却遇到瓶颈：训练了很长时间，却始终无法进步。当时，他最好的成绩是 10 秒 8，甚至跑不过女选手。当时他已经过了运动员的黄金年龄，无数人劝他早早退役，另谋出路。苏炳添却决定在这条路上义无反顾地走下去。因为在练习短跑之初，他就确立了一个目标："成为第一个进入奥运百米决赛的中国人。"他想向全世界证明，黄种人也可以突破 10 秒。他顶住压力默默努力：去美国参加冬训，教练为他制定了更加严格的训练标准。为了心中的梦想，他也从来没偷过懒，每一个动作，每一次训练，他都要求自己达到完美。尽管训练非常辛苦，他依旧坚持每天写训练日记，分析自己哪里不足，进行针对性改善。为保持良好的身体状态，他进行超强的自我管理，拒绝一切不健康的食品，每天 10 点准时睡觉。所以在他成功的背后，是好习惯、自律和坚韧不拔的积累。无惧挑战的性格，最终使苏炳添战胜自我，创造短跑奇迹。

活动导学

完成气质类型测试（附件 1）和九型人格测试（附件 2），并根据对自己的气质和个性的探索，填注关于自己的性格与职业的分析报告。

附件 1　气质类型测试

你在回答下列各问题时，认为很符合自己情况的计 2 分，比较符合的计 1 分，介于符合与不符合间的计 0 分，比较不符合的计 –1 分，完全不符合的计 –2 分。

（1）做事力求稳妥，不做无把握的事。

（2）遇到可气的事就怒不可遏，想把心里话全说出来才痛快。

（3）宁肯一个人干事，不愿和很多人在一起。

（4）到一个新的环境很快就能适应。

（5）厌恶那些强烈的刺激，如尖叫、噪声、危险镜头等。

（6）和人争吵时，总是先发制人，喜欢挑衅。

（7）喜欢安静的环境。

（8）善于和人交往。

（9）羡慕那种能克制自己感情的人。

（10）生活很有规律，很少违反作息制度。

（11）在多数情况下情绪是乐观的。

（12）碰到大批陌生人觉得很拘束。

（13）遇到令人气愤的事，能很好地自我控制。

（14）做事总有很旺盛的精力。

（15）遇到问题常常举棋不定，优柔寡断。

（16）在人群中从不觉得过分拘束。

（17）情绪高昂时，觉得干什么事都有趣；情绪低落时，又觉得干什么都没意思。

（18）当注意力集中于一件事时，别的事很难使你分心。

（19）理解问题总比别人快。

（20）碰到危险情况，常有一种极度恐怖感。

（21）对学习、工作、事业怀有一种很高的热情。

（22）能够长时间做枯燥、单调的工作。

（23）符合兴趣的事情，干起来劲头十足，否则就不想干。

（24）一点小事就能引起情绪波动。

（25）讨厌做那种需要耐心、细致的工作。

（26）与人交往不卑不亢。

（27）喜欢参加激烈的活动。

（28）爱看感情细腻、描写人物内心活动的文艺作品。

（29）工作学习时间长了，常会感到厌倦。

（30）不喜欢长时间谈论一个问题，愿意实际动手干。

（31）宁愿侃侃而谈，不愿窃窃私语。

（32）别人说你总是闷闷不乐。

（33）理解问题常比别人慢些。

（34）疲倦时只要短暂休息就能精神抖擞，重新投入工作。

（35）心里有话宁愿自己想，不愿说出来。

（36）认准一个目标就希望尽快实现，不达目的，誓不罢休。

（37）学习、工作同样一段时间后，常会比别人感到更疲倦。

（38）做事有些莽撞，常常不考虑后果。

（39）老师或师傅在讲授新知识、技术时，总希望他讲慢些，多重复几遍。

（40）能够很快忘记那些不愉快的事情。

（41）做作业或完成一件工作总比别人花时间多。

（42）喜欢剧烈、运动量大的体育活动，或喜欢参加各种文娱活动。

（43）不能很快把注意力从一件事转移到另一件事上去。

（44）接受一个任务后，希望把它迅速完成。

（45）认为墨守成规比冒风险强些。

（46）能够同时注意几件事物。

（47）你烦闷的时候，别人很难使你高兴起来。

（48）爱看情节跌宕起伏、激动人心的小说。

（49）对工作抱认真严谨、始终一贯的态度。

（50）和周围的人的关系总是不好。

（51）喜欢复习学过的知识，重复做已经掌握的工作。

（52）喜欢做变化大、花样多的工作。

（53）小时候背诗歌，你似乎比别人记得清楚。

（54）别人说你"出语伤人"，可你并不觉得。

（55）在体育活动中，常因反应慢而落后。

（56）反应敏捷，头脑机智。

（57）喜欢有条理而不甚麻烦的工作。

（58）兴奋的事情常使你失眠。

（59）老师讲新概念，常常听不懂，但是弄懂以后就很难忘记。

（60）假如工作枯燥无味，马上就会情绪低落。

1. 把每题得分写在题号后的括号内，然后将得分相加，算出各栏的总分。

2. 如果多血质一栏得分超过 20 分，其他三栏得分较低，则为典型多血质；如这一栏在 20 分以下，10 分以上，其他三栏得分较低，则为一般多血质；如果有两栏的得分显著超过另外两栏得分，而且分数比较接近，则为混合型气质，如胆汁质多血质混合型、多血质黏液质混合型、黏液质抑郁质混合型，等等；如果一栏的得分很低，其他三栏都不高，但很接近，则为三种气质的混合型，如多血质、黏液质、胆汁质混合型或黏液质、多血质、抑郁质混合型。

附件2 九型人格测试

请选出你认为描述符合自己情况的句子。

（1）当我有困难时，我会试着不让人知道。

（2）我不想成为一个喜欢批评他人的人，但很难做到。

（3）我喜欢当主角，希望得到大家的注意。

（4）被人误解对我而言是一件十分痛苦的事。

（5）我喜欢研究宇宙的原理、人世的哲理。

（6）我常常设想最糟的结果而使自己陷入苦恼中。

（7）我喜欢让事情呈现得轻松、幽默。

（8）我是个易于满足的人，极少感到忧虑，几乎常是心平气和的。

（9）我很善于挺身而出，为自己的需要坚持到底。

（10）我常为事情未能按意想中的方向发展而烦躁不乐。

（11）我需要在别人生活上占重要席位，我喜欢别人需要我。

（12）我是一个天生的推销员，说服别人对我来说是一件轻易的事。

（13）我不善于小组讨论或作简短谈话，我需要很多私人时间和空间。

（14）我对过去的事有着一份近乎执着的怀恋。

（15）我常常试探或考验朋友、伴侣的忠诚。

（16）我善于计划却不善于施行。

（17）我喜欢独立自主，一切都靠自己。

（18）身体上的舒适对我非常重要。

（19）我对现存的总觉不满。

（20）我做事有效率，也会找捷径，模仿力特强。

（21）许多人很愿意和我接近。

（22）我常被有象征性的事物吸引。

（23）当我感到窘促或被人询问实时感受时，我脑里常是一片空白。

（24）我很难违抗有权者的意见。

（25）我对于别人和他们做事的动机从不抱很大的怀疑态度。

（26）我知错能改，但由于执着好强，周围的人还是感觉到压力。

（27）我喜欢享有完全不用工作的时间。

（28）别人不能完成他的分内事，会令我失望和愤怒。

（29）帮助不到别人会让我觉得痛苦。

（30）我似乎具有策划、组织工作的本能而且能使工作顺利完成。

（31）别人常欠缺那份深度去了解我的感受。

（32）我讨厌自己貌似愚笨也憎恶被人视为愚笨。

（33）我似乎比大多数人更懂得享受生命。

（34）我做任何抉择前必先搜集多方面资料，确保准确充足。

（35）当沉浸在工作或我擅长的领域时，别人会觉得我冷酷无情。

（36）我是很容易说话的人，凡事都有商量余地。

（37）我的面部表情严肃而生硬。

（38）我喜欢把别人从困难或尴尬的境况下解救出来。

（39）我习惯推销自己，对自己的能力十分有信心。

（40）我认为自己非常地不完美。

（41）我喜欢从旁观看别人怎样做而自己却不参与。

（42）我需要较长时间才能做决定，一般来说，我喜欢行事谨慎。

（43）生命中没有很多事物是我不能欣赏的。

（44）我向往掌权的职位，喜欢行使权力。

（45）即使存在着个体差异，但我仍觉得大多数人是善良的、美好的。

（46）我常对自己挑剔，期望不断改善自己的缺点，以成为一个完美的人。

（47）我知道如何让别人喜欢我。

（48）我外向、精力充沛，喜欢不断追求成就，这使我自我感觉良好。

（49）我有时很欣赏自己充满权威，有时却又优柔寡断，依赖别人。

（50）我喜欢把事情安排得井井有条和具有品位，亦很重视仪态。

（51）我常怀疑自己有没有足够的勇气去完成那应做的事。

（52）我生命中经历过的痛苦和不愉快的事很少。

（53）我野心勃勃，喜欢挑战和登上高峰的体验。

（54）一般来说，我不会过分投入任何一件事。

（55）我经常因少许细节而破坏了整件事。

（56）我感到助人是应该的，不论我是否喜欢，我也会迫使自己这样做。

（57）我做事喜欢先知道自己在进展途上的位置。

（58）我不喜欢想象自己仅是个平凡人，在很多方面我就是与众不同。

（59）我较其他人沉默，别人往往要问我在想什么。

（60）我认为没有严格的纪律很难指示人该做什么。

（61）我很注意自己是否年轻，因为那是快乐的本钱。

（62）如果周遭的人行为太过分时，我准会让他难堪。

（63）别人批评我，我也不会回应和辩解，因为我不想发生任何争执与冲突。

（64）我很容易体会出别人的功劳和好处。

（65）我对别人做的事总是不放心，批评一番后，自己会动手再做。

（66）我喜欢用进度表、等级表或其他指针性工具显示自己工作进展状况。

（67）我常常表现得十分忧郁，充满痛苦而且内向。

（68）当别人请教我一些问题，我会巨细无遗地分析得很清楚。

（69）我很重视别人对我所持的原则的观点，不论他们是赞成或反对。

（70）在我生命里任何事物都是以最佳状态出现的。

（71）我是一个很主动甚至具攻击性和自我肯定的人。

（72）我需要有外来的动力，或刺激我继续工作、行动。

（73）我脑子里常自我批评，也批评别人。

（74）我多次感到别人对我的倚赖成了我无法负荷的重担。

（75）我常因完成的工作较多而招人妒忌。

（76）我的忧苦和重压，别人常觉察不到。

（77）我不喜欢人家问我广泛、笼统的问题。

（78）我觉得任何事情在采取行动前应先取得有职权人士的批准才好。

（79）我是个近乎反常的乐观主义者，理想对于我来说重于一切。

（80）我爱依惯例行事，不大喜欢改变。

（81）我十分抗拒别人干预我的行为，或强行把他们的行为加给我。

（82）我似乎不太懂得幽默，没有弹性。

（83）我不觉得自己有许多需要，总是最后才想到自己。

（84）我重视在别人眼前展示一个成功的形象。

（85）初见陌生人时，我会表现得很冷漠、高傲。

（86）我通常是等别人来接近我，而不是我去接近他们。

（87）我常受怀疑困扰，对存在着的矛盾别具警觉，也很敏感。

（88）我希望别人对事情看得轻松点。

（89）我觉得很难把自己品性上较温柔的一面呈现出来，例如温柔、能接纳、关怀等。

（90）我被尊为最公正的仲裁者，因为我认为诉讼双方都是同样好的。

（91）我重视做事准确无误。

（92）我有时会觉得别人不欣赏我为他们所做的一切。

（93）想要成功有时要对自己的原则或标准作适度协调。

（94）我很飘忽，常常不知自己下一刻想要什么。

（95）我很有包容力，彬彬有礼，但跟人的感情互动不深。

（96）我工作纯为了责任和职务。

（97）我经常想事情光明的一面而不看生命中黑暗的另一面。

（98）我处事通常会选择没有太多阻力的途径。

（99）我会极力保护我所爱的人。

（100）我常感到要和时间竞赛，许多应做的事情仍待完成。

（101）有时候，我觉得自己是个受害者，别人都在利用我。

（102）我喜欢展露出一副年轻活泼的形象。

（103）我似乎较其他人更深刻地感受到人际关系中断时的那份困扰。

（104）如果不能完美地表态，我宁愿不说。

（105）我对一切不清楚的事，一定要问个明白，含糊不清是我最接受不了的。

（106）我认为自己是个怀有赤子之心的人，能与人同乐。

（107）我要求光明正大，为此不惜与人发生冲突。

（108）我被动而优柔寡断。

（109）我待人热情而有耐性。

（110）我觉得必须对自己每时每刻负责。

（111）每当新事物出现，我通常会走在活动的最前端。

（112）我感受特别深刻，并怀疑那些总是很快乐的人。

（113）我对时间、金钱和所拥有的一切都很吝啬。

（114）面对威胁时，我虽会变得焦虑，但总会迎击迎面而来的危险。

（115）我喜欢把事情"描绘"出来，既为了看看我曾到过的那些地方，也为了计划往哪儿去。

（116）我很有正义感，会支持身处于不利的一方。

（117）我为自己性情稳定而自豪。

（118）每天晚上，我定要细心反省当日所做的，看每件工作是否都做得妥当。

（119）帮助别人达到快乐和成功是我重要的成就。

（120）我是活跃的竞争分子，亦很渴望别人的赞赏。

（121）我常因感到被遗弃、孤独而饱受煎熬。

（122）我比任何人更关心自己，更重视如何保护自己和自己的地位。

（123）我对别人侵犯性的行为很敏感，我不喜欢别人勉强我做任何事。

（124）我喜欢戏剧性、多姿多彩的生活。

（125）我想我是个不受限制、不易妥协的人。

（126）我喜欢低调处理事情，让别人也能安稳下来。

（127）我不会说甜言蜜语，别人只会觉得我唠叨不停。

（128）付出时，别人若不欣然接纳，我便会有挫折感。

（129）我争强好胜，喜欢跟别人比较。

（130）我理解小丑笑脸背后隐藏着忧伤，也对这事实产生共鸣。

（131）我声线柔弱，人们常要我说话大声点，而这却使我动怒。

（132）当我和有权势的人接近时，我一方面感到安全，但另一方面却惧怕他们。

（133）我对感官的需求特别强烈，喜欢美食、服装、身体的触觉刺激，并纵情享乐。

（134）我能够坚持己见，甚至在处于下风的时候。

（135）我总没法记得前次我睡不安宁是多久以前的事。

（136）我是循规蹈矩的人，秩序对我十分有意义。

（137）我觉得许多人依赖我的帮忙和慷慨。

（138）我常常刻意保持兴奋的情绪。

（139）我有很强的创造天分和想象力，喜欢将事情重新整合。

（140）我倾向于独自判断并自己解决问题。

（141）我有时期待别人的指导，有时却忽略别人的忠告径直去做我想做的事。

（142）我常觉得很多事情都很好玩、很有趣，人生真是快乐。

（143）我觉得大多数事件都是无关紧要的，那又如何须如此紧张让它们牵着走呢？

（144）我若按自己安排的计划去工作，定然较按别人为我编排的工作会有更佳成绩。

（145）感情对我来说很重要。

（146）我极其投入自己的工作，认同工作上的角色，有时甚至忘记我是谁。

（147）我注重小节而效率不高。

（148）我非常情绪化，一天的喜怒哀乐多变。

（149）我保留我所拥有的，也收集一些日后可能使用的物资。

（150）我常常保持警觉。

（151）我不喜欢要对人尽义务的感觉。

（152）我很重视现在，我常感到一份催迫，现在应是要行动的一刻。

（153）我不要求得到很多的注意力。

（154）我认为要别人爱我和认同我，我必先样样做到最好。

（155）我若有一天假期，我常不知道可以为自己做些什么。

（156）有时我会讲求效率而牺牲完美和原则。

（157）艺术及艺术性的表达方式对我很重要，它们可以帮助我疏导情绪。

（158）我常幻想自己是某方面的英雄人物或属于某重要阶层。

（159）我常静悄悄地进出，不为同室中人觉察。

（160）我大部分时间都避免卷入严肃的问题。

（161）在危机发生时，我会挺身而出，控制大局。

（162）我很容易认同别人所做的事和所知的一切。

（163）我习惯将自己对外界的不满压抑在心中而非释放出来。

（164）我觉得因我所做的一切，我堪当在人们心中占据的重要席位。

（165）我认为大多数人都不懂得欣赏生命的内在美。

（166）我认为必须多方面有成就别人才会注意我。

（167）当我觉得我自己处于无大作为的境况时，我会一事不理。

（168）我衡量他人时，常以他们是否对我构成威胁为依据。

（169）我的计划目标通常高于我的实际完成情况。

（170）我容易感到沮丧和麻木更多于愤怒。

（171）我很容易觉察到欺骗和羞辱，当我意识到受骗时，我会极度愤怒。

（172）我对事物的观点似乎紧于事情的对与错或好与坏。

（173）我认为自己能滋养别人比任何工作更令我自豪。

（174）我喜欢告诉别人我所做的事和所知的一切。

（175）我对大部分的社交集会不太有兴趣，除非那是我熟识和喜爱的人。

（176）我感到有些时候自己像是一个被流放的贵族。

（177）我常担心自由被剥夺，因此不爱承诺。

（178）我是一位忠实的朋友和伙伴。

（179）我感到有必要向别人表示我的不满。

（180）我温和平静，不自夸，不爱与人竞争。

句子以列归属为不同的人格型号，哪一列（型）所选最多，测试者便是哪一类型人格倾向。

表 1-3-1　对照与统计

型号	1 号	2 号	3 号	4 号	5 号	6 号	7 号	8 号	9 号
本型句子序号	2	1	3	4	5	6	7	9	8
	10	11	12	14	13	15	16	17	18
	19	21	20	22	23	24	25	26	27
	28	29	30	31	32	34	33	35	36
	37	38	39	40	41	42	43	44	45
	46	47	48	50	51	49	52	53	54
	55	56	57	58	59	60	61	62	63

续表

型号	1 号	2 号	3 号	4 号	5 号	6 号	7 号	8 号	9 号
本型句子序号	65	64	66	67	68	69	70	71	72
	73	74	75	76	77	78	79	81	80
	82	83	84	85	86	87	88	89	90
	91	92	93	94	95	96	97	99	98
	100	101	102	103	104	105	106	107	108
	110	109	111	112	113	114	115	116	117
	118	119	120	121	123	122	124	125	126
	127	128	129	130	131	132	133	134	135
	136	137	138	139	140	141	142	144	143
	147	145	146	148	149	150	151	152	153
	154	155	156	157	159	158	160	161	162
	163	164	166	165	167	168	169	171	170
	172	173	174	176	175	178	177	179	180
本型句子总选中数									

我的人格类型是_____

我的性格与职业分析

我的气质类型是_____

我的性格特点是_____

我的性格适合的职业是_____

我比较倾向的职业是_____

参考文献

[1] 余思波.中国大百科全书 [M].北京：中国大百科全书出版社，2010：453.

第4节　我能够做什么？

——我的能力

生涯探索首先要认知自己的能力和天赋，了解自己，探索适合自己能力发展的领域，找到特长和优势，才能事半功倍。而智能是一个人能力的基础，我们需要通过不断地学习来激发自己的智能，同时也需要对自己有一个更全面的认识。这一节，我们会一起来探索自己的智能，认识自己的多元智能并发现自己的智能优势。

问题导入

天生我材必有用吗？很多同学在成长过程中怀疑过自己的智能，觉得自己不够聪明，因此变得自卑、有挫败感。其实智能不是单一的，而是多元化的一种心理能力。

知识导航

1. 对智能认识的发展：从单一到多元

人类对自我智慧的探索经历了漫长的时间，对智能内涵的认知也越来越丰富，完成了从单一到多元的转变。

20世纪初，法国心理学家比奈首创了智力测验，用来测量人的智力的高低。当智能测试这一方式被创造出来以后，人类可以以一个量化的标准来衡量一个人的智能。但是这个量化的过程也很容易将智能固化为一个单一的纬度，甚至认为一个人的智能是无法改变的。其实智能的潜力是可以通过培养而得到更大发挥的。

1916年，德国心理学家施太伦提出了"智商"的概念：智商即智力商数，它是用数值来表示智力水平的。

1935 年，美国心理学家亚历山大第一次提出"非智力因素"这个概念。所谓"非智力因素"是指记忆力、注意力、观察力、想象力、思维力等智力因素之外一切心理因素，主要包括动机、兴趣、情感、意志、性格等，这些非智力因素都是直接影响和制约智力因素发展的意向性因素。但是，这一理论提出后，并未受到人们的关注。

1967 年，美国在哈佛大学教育研究生院创立"零点项目"，由美国著名哲学家戈尔曼主持。"零点项目"主要任务是研究在学校中加强艺术教育，开发人脑的形象思维问题。在从这以后的 20 年间，美国对该项目的投入达上亿美元，参与研究的科学家、教育家超过百人，他们先后在 100 多所学校做实验，有的人从实验对象在幼儿园开始连续进行 20 多年的跟踪对比研究。项目出版了几十本专著，发表了上千篇论文。多元智能理论就是这个项目在 20 世纪 80 年代的一个重要成果。

美国著名发展心理学家、哈佛大学霍华德·加德纳教授在此项研究中首先重新考察了大量的、迄今没有相对联系的资料，即关于神童的研究、关于脑损伤病人的研究、关于有特殊技能而心智不全者的研究、关于正常儿童的研究、关于正常成人的研究、关于不同领域的专家以及各种不同文化中个体的研究。通过对这些研究的分析整理，他提出了自己对智力的独特理论。

1983 年，基于多年来对人类潜能的大量实验研究，加德纳在出版的《智力的结构》一书中，首次提出并着重论述了他的多元智能理论的基本结构，并认为支撑多元理论的是个体身上相对独立存在着的、与特定的认知领域或知识范畴相联系的八种智力，这些为多元智能理论奠定了基础。

2. 认识多元智能

20 世纪 80 年代，霍华德·加德纳博士在其著作《智力的结构》中提出，人类的智能是多元化而非单一的，主要是由语言智能、数学逻辑智能、空间智能、身体运动智能、音乐智能、人际智能、内省智能、自然观察智能八项组成，每个人都拥有不同的智能优势组合。

——**语言智能**（Linguistic Intelligence）

该智能是指有效地运用口头语或书面语表达自己的思想并理解他人，灵活掌握语音、语义、语法，具备用言语思维、用言语表达和欣赏语言深层内涵的能力，以及将各能力结合在一起并运用自如的能力。

——**数学逻辑智能**（Logical-Mathematical Intelligence）

该智能是指有效地计算、测量、推理、归纳、分类，并进行复杂数学运算的能力。这项智能包括对逻辑的方式和关系、陈述和主张、功能及其他相关的抽象概念的敏感性。

——空间智能（Spatial Intelligence）

该智能是指准确感知视觉空间及周围一切事物，并且能把所感觉到的形象以图画的形式表现出来的能力。这项智能包括对色彩、线条、形状、形式、空间关系的敏感。

——身体运动智能（Bodily-Kinesthetic Intelligence）

该智能是指善于运用整个身体来表达思想和情感，灵巧地运用双手制作或操控物体的能力。这项智能包括掌握特殊的身体技巧，如平衡、协调、敏捷、力量、弹性和速度，以及由触觉所引起的能力。

——音乐智能（Musical Intelligence）

该智能是指人能够敏锐地感知音调、旋律、节奏、音色等能力。对节奏、音调、旋律或音色的敏感性强的人，与生俱来就拥有音乐方面的资质，具有较高的表演、创作及思考音乐的能力。

——人际智能（Interpersonal Intelligence）

该智能是指能很好地理解别人和与人交往的能力。这项智能善于察觉他人的情绪、情感，体会他人的感觉感受，辨别不同人际关系的暗示以及对这些暗示做出适当反应的能力。

——内省智能（Intrapersonal Intelligence）

该智能是指产生自我认识和善于自知，并据此做出适当行为的能力。这项智能能够认识自己的长处和短处，意识到自己的内在爱好、情绪、意向、脾气和自尊，使人具有独立思考的能力。

——自然观察智能（Naturalist Intelligence）

该智能是指善于观察自然界中的各种事物，对物体进行辨别和分类的能力。这项智能使人具有强烈的好奇心和求知欲，有着敏锐的观察能力，能了解各种事物的细微差别。

3. 智能是可以训练的

智能是可以通过刻意的训练得到提升的，以下是一些自我训练的方法。

表 1-4-1　提升智能的方法

智能	语言智能	数学逻辑智能	空间智能	身体运动智能	音乐智能	人际智能	内省智能	自然观察智能
自我训练方法	讲故事	推理	制图	学舞蹈	打节拍	主持活动	写日记	到大自然郊游
	阅读	运用类比	作画	学习新运动	唱歌	参加公益活动	描述自己的感受	写观察笔记

续表

智能	语言智能	数学逻辑智能	空间智能	身体运动智能	音乐智能	人际智能	内省智能	自然观察智能
自我训练方法	讨论	设计和实施实验	制作艺术品	郊游	分辨节奏	小组合作学习	设定目标和计划	观察大自然
	编短剧	以数学公式表达结论	涂鸦	实验操作	写歌词	和同学交流	读名人传记	饲养动物
	访谈	对事物进行归类	雕刻	冥想	设计背景音乐	帮助他人	发现他人的优点	种植植物
	写作	制作思维导图	构图	锻炼	编辑音乐	组织活动	自我评价	从事园艺

故事导发

每一个孩子都有自己的最佳智能区

麦克斯韦是 19 世纪英国一位著名的数学家和物理学家。

麦克斯韦小的时候，他的父亲很想让他学画画。有一次父亲叫麦克斯韦学画静物，对象是插满秋菊的花瓶。但是令人失望的是，在麦克斯韦的笔下，花瓶被画成了梯形的，菊花也成了大大小小的圆圈，叶子则用一些奇奇怪怪的三角形表示。

麦克斯韦的母亲一看孩子的作品，摇摇头说："这孩子太笨了！"围观的人也都随声附和："这孩子还真不是一般的笨！"

但是麦克斯韦的父亲并没有对孩子的画作表示失望。因为细心的父亲立即发现了小麦克斯韦对数学几何图形的特殊敏感。从那以后，麦克斯韦的父亲就开始教麦克斯韦学习几何和代数，培养他的数学才能。麦克斯韦就是在这样的情况下逐渐对数学产生了浓厚的兴趣，并逐渐成长为一位伟大的数学家。

每一个孩子都能成功，关键在于如何及早培养孩子具备对事物的权衡能力，并帮助孩子找到自己的最佳智能区。即使是那些在学校被视为差生、坏孩子甚至最笨的孩子，在他们找到自己的最佳智能区后，顺应自己的才能趋势去努力，最终取得的辉煌成就也是令人瞩目的。历史上的很多成功人士，他们的成功，正是由于他们找到了自己的最佳智能区，选择了最适合自己的成才之路。学习也好，工作也好，都来自他们内在的真正需要及浓厚的兴趣。

活动导学

了解了多元智能理论，你可以为自己绘制一幅智能优势图（图1-4-1）。假设每种智能占整个智能的1/8，每个智能的评分区间是0~10分，每段半径被等分为10份（每1份为1分，圆心为最低值0分，圆周边为最高值10分）。为自己的每个智能元素打分后，将每个点连起来，能发现自己的智能优势。

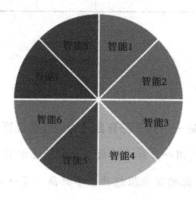

图 1-4-1　智能优势图

画完了自己的智能优势图之后，有的同学可能为自己的不足感到忧伤。其实每个人都有自己的不足之处，但是不要忘记去欣赏自己的优势。通过发挥自己的优势，每个人也能成就一番属于自己的事业。

参考文献

［1］霍华德·加德纳.多元智能新视野［M］.北京：中国人民大学出版社，2008：4.

第5节 我想要做什么?

——我的职业价值观

在一个人的选择和放弃里面隐藏着他的价值选择，我们把这份对价值的认识也称为价值观。在一些情境中，我们很清楚自己的选择，明白什么更重要，然而更多时候，我们并不了解自己的价值倾向是什么。这一节，我们通过探索职业价值观来认识自己。

问题导入

价值观是一个比较抽象的事物，我们怎么才能更深入了解到自己的价值选择是什么呢?

知识导航

1. 职业价值观的概念与作用

职业价值观是指与职业有关的价值观，它是价值观的一部分，主要由道德、职业意志和职业情感三部分构成，是人生目标和人生态度在职业选择方面的具体表现，也是个人对职业的认识和态度，以及在职业生活中表现出来的一种价值取向，反映了个人对某种职业优劣和重要性的判断标准。一个人如果越清楚自己的职业价值观，在面临职业选择时，就越能做出确切、合适的选择。

2. 多样的职业价值

理想、信念、世界观对职业的影响集中体现在职业价值观上。职业专家根据人们的理想、信念和世界观将职业分为9大类：

——自由型：作家、诗人、作曲家、编剧、演员等；

——**经济型**：商人等；

——**小康型**：会计、银行出纳、核算员、统计员等；

——**支配型**：饭店经理、行政主管、公务员等；

——**自我实现型**：各类学者、科研人员及技术人员等；

——**志愿型**：教师、医生、护士、咨询人员等；

——**技术型**：木匠、农民、工程师、电工等；

——**合作型**：公关人员、推销人员等；

——**享受型**：无固定职业类型。

而在各类职业中，舒伯总结了最为普遍的、代表着不同群体在工作中所重视和追求的15种职业价值。

（1）美的追求：使你能够制作美丽的物品并将美带给世界的职业。

（2）安全稳定：不太可能失业，即使在经济困难的时候也有工作。

（3）工作环境：在宜人的环境（不太冷也不太热，不吵闹也不脏乱）里工作。环境或工作的物质条件对某些工作者来说是很重要的，他们对于相应的工作条件比工作本身更加感兴趣。

（4）智性激发：能让你独立思考、了解事物怎样运行。

（5）独立自主：能让你以自己的方式去做事，或快或慢随你所愿。

（6）多样变化：在同一份工作中有机会尝试不同种类的职能。

（7）经济报酬：报酬高、使你能拥有想要的事物。

（8）管理权力：允许你计划并给别人安排任务。

（9）帮助他人：让你能为了他人的福利做贡献，产生对社会服务方面的兴趣。

（10）生活方式：能让你按照自己所选择的生活方式生活并成为自己所希望成为的人。

（11）创造发明：能使你发明新事物，设计新产品或产生新思想。

（12）上级关系：在一个公平并且能与之融洽相处的管理者手下工作，和老板相处融洽。

（13）同事关系：能与你喜欢的人接触并共事。对某些人来说，工作中的社交生活比工作本身要重要得多。

（14）成就满足：能让你有一种做好工作的成功感。重视成就的人喜欢能给人现实可见的结果的工作。

（15）名誉地位：让你在别人的眼里有地位、受尊敬，能引发他人对自己的敬意。

故事导发

钱学森的爱国心

我国当代杰出的科学家中，有三位姓钱的人物：钱学森、钱三强、钱伟长，人称"三钱"，他们都是出国留学后，再回来报效祖国的赤子。

而其中钱学森的回国经历最为惊险，过程最为艰辛。钱学森在美国学习、生活了20年，他是世界一流的火箭专家，在航空科学上取得了卓越的成就，也为美国的军事科学做出了贡献。1949年，新中国成立了。消息传到美国，他非常兴奋，第一时间就决定放弃在美国的一切，回来为建设祖国而奋斗。然而钱学森准备回到中国的决定，立刻就引起美国有关方面的恐慌。他们认为：钱学森的专业技术会使中国的科学技术得到高速发展。美国海军的一位领导人直接打电话警告美国管理进出境的官员："钱学森至少值5个师的兵力。""我宁可把钱学森枪毙了，也不让他离开美国。"于是，美方无中生有，污蔑钱学森是间谍。本来，他的行李已经装上了驳船，准备由水路运回祖国。可美国海关硬说他准备带回国的书籍和笔记本中藏有重要机密，要全部没收。其实，这些书籍和笔记本，一部分是公开的教科书，其余都是钱学森自己的学术研究记录。

一波未平，一波又起。几天之后，钱学森突然被逮捕，关押在一个海岛上的拘留所里，受到无休止的折磨。看守人员每天晚上隔10分钟进室内开一次电灯，使他根本无法入睡。钱学森的遭遇，引起他就职的加州理工学院中坚持正义的同事和学生的同情，在他们和其他正直人士的强烈抗议下，美国特务机关被迫释放了他。可对钱学森的迫害并没有停止，他们限制他的行动，监视他，检查他的信件、电话等。

然而钱学森没有屈服，他不断地提出严正要求：坚决离开美国，回中国去！他在家里放好3只行李箱，准备随时启程。之后在中国政府的过问下，被美方扣留了5年的钱学森，终于得以于1955年搭乘轮船回国了。当他来到天安门广场时，他兴奋地说："我相信我一定能回到祖国，现在，我终于回来了！"钱学森回国后，为我国导弹和航天事业做出了巨大贡献，是享有极高声望的科学家之一。

活动导学

1. 试指出以下名人追求的职业价值是前述 15 种中的哪种?

腾讯公司主要创始人马化腾: _____

世界著名的慈善工作者特蕾莎: _____

以孔雀舞闻名的中国舞蹈艺术家杨丽萍: _____

2. 量表测试探索职业价值观。

表 1-5-1 有 60 个项目,请据符合程度为各项目评分,最低分 1 分,最高分 5 分,分数越高代表该项内容对你来说越重要。

表 1-5-1 职业价值观测试量表

序号	项目内容	评分
1	能参与救灾济贫的工作	
2	能经常欣赏精美的工艺作品	
3	能经常尝试新的构想	
4	必须花精力去深入思考	
5	在职责范围内有充分自由	
6	可以经常看到自己的工作成果	
7	能在社会扮演更重要的角色	
8	能知道别人如何处理事务	
9	收入能比相同条件的人高	
10	能有稳定的收入	
11	能有清静的工作场所	
12	主管善解人意	
13	能经常和同事一起休闲	
14	能经常变换职务	
15	能成为你想成为的人	
16	能帮助贫困和不幸的人	
17	能增添社会的文化气息	
18	可以自由地提出新颖的想法	
19	必须不断学习才能胜任工作	
20	工作不受他人干涉	
21	常觉得自己的辛劳没有白费	
22	能使你更有社会地位	

续表

序号	项目内容	评分
23	能够分配调整他人的工作	
24	能常常加薪	
25	生病时能有妥善照顾	
26	工作地点光线通风好	
27	有一个公正的主管	
28	能与同事建立深厚的友谊	
29	工作性质常会变化	
30	能实现自己的理想	
31	能够减少别人的苦难	
32	能运用自己的鉴赏力	
33	常需构思新的解决方法	
34	必须不断地解决新的难题	
35	能自行决定工作方式	
36	能知道自己的工作绩效	
37	能让你觉得出人头地	
38	可以发挥自己的领导能力	
39	可使你存下很多钱	
40	有好的保险和福利制度	
41	工作场所有现代化的设备	
42	主管能采取民主领导方式	
43	不必和同事有利益冲突	
44	可以经常变换工作场所	
45	常让你觉得如鱼得水	
46	能常帮助他人解决困难	
47	能创作优美的作品	
48	常须提出不同的处理方案	
49	须对事情深入分析研究	
50	可以自行调整工作进度	
51	工作结果受到他人肯定	
52	能自豪地介绍自己的工作	
53	能为团体拟订工作计划	
54	收入高于其他行业	

续表

序号	项目内容	评分
55	不会轻易地被解雇或裁员	
56	工作场所整洁卫生	
57	主管学识和品德让你钦佩	
58	能够认识很多风趣的伙伴	
59	工作内容随时间变化	
60	能充分发挥自己的专长	

各项目分属各种职业价值观，哪一种职业价值观对应项目的总分越高，代表这种职业价值观越强烈。

表 1-5-2　对应总分表

项目	总分	对应职业价值观
1，16，31，46		帮助他人
2，17，32，47		美的追求
3，18，33，48		创造发明
4，19，34，49		智性激发
5，20，35，50		独立自主
6，21，36，51		成就满足
7，22，37，52		名誉地位
8，23，38，53		管理权力
9，24，39，54		经济报酬
10，25，40，55		安全稳定
11，26，41，56		工作环境
12，27，42，57		上级关系
13，28，43，58		同事关系
14，29，44，59		多样变化
15，30，45，60		生活方式

根据测试结果，明确自己的职业价值观：我的分数最高的三个价值观是＿＿＿＿＿、

＿＿＿＿＿、＿＿＿＿＿。

探索能够帮助自己实现这些价值的职业，找出至少三个职业吧！

＿＿＿＿＿、＿＿＿＿＿、＿＿＿＿＿。

学业指导篇

第1节　立意高远

——激发正确的学习动机

一个学生学习成绩的好坏，不仅与他的智力水平有关，而且与他的学习动机密切相关。有了良好的学习动机，他才会积极、主动、愉快地学习，提升学习效果。因此，培养和激发学生树立良好的学习动机，是提高学生学习效果的有效手段。

问题导入

什么是学习动机？激发良好的学习动机有哪些重要的作用？怎样才能激发良好的学习动机呢？

知识导航

1.学习动机是什么？

学习动机是推动学生学习活动的内在原因，是激励、指引学生学习的强大动力。教育心理学家冯忠良教授认为，学习动机是指激发个体进行学习活动，维持已引起的学习活动，并使个体的学习活动朝向一定的学习目标的一种内部启动机制。学生学习动机的主要内容有四个方面，分别是：对知识价值的认识（知识价值观）、对学习的直接兴趣（学习兴趣）、对自身学习能力的认识（学习能力感）、对学习成绩的归因（成就归因）。

学习动机有不同的分类标准。

第一种分类，根据学习动机内容的社会意义，学习动机可以分为高尚的（正确的）与低级的（错误的）动机。高尚的（正确的）学习动机的核心是利他主义，学生把当前的学习同国家和社会的利益联系在一起。例如，有的学生勤奋、努力学习各门功课，是因为他们意识到自己在将来是国家建设的中坚力量，肩负着使祖国繁荣昌盛的重任，所以当前要打好基础，掌握科学知识。低级的（错误的）学习动机的核心是利己的、自我中心的，学习动机只来源于自己眼前的利益。例如，有的学生努力学习只是为了个人的名誉与出路，或报答父母的养育之恩等。

第二种分类，根据学习动机的作用与学习活动的关系，学习动机可以分为近景的直接性动机和远景的间接性动机。近景的直接性动机是与学习活动直接相连的，来源于对学习内容或学习结果的兴趣。这类动机作用的效果比较明显，但稳定性比较差，容易受到环境或一些偶然因素的影响。远景的间接性动机是与学习的社会意义和个人的前途相连的。高尚的、正确的间接性动机的作用较为稳定和持久，能激励学生努力学习并取得好成绩。

第三种分类，根据学习动机的动力来源，学习动机可以分为内部学习动机和外部学习动机。内部动机（Intrinsic Motivation）是指由个体内在的需要引起的动机，内部动机因素会促使学生积极主动地学习。外部动机（Extrinsic Motivation）是指个体由外部诱因所引起的动机。在外部学习动机发生作用时，人的学习活动较多地依赖于责任感、义务感或希望得到奖赏和避免受到惩罚的意念。但外部动机可以转化成为内部动机作用，所以，在教育过程中不能忽视外部学习动机的作用。

2. 为什么要激发学习动机？

学生的学习受多方面因素的影响，其中主要是受学习动机的支配。动机具有加强学习的作用，高动机水平的学生，其成就也高；反之，高成就水平也能导致高的动机水平。学习动机推动着学习活动，能激发学生的学习兴趣，保持一定的唤醒水平，指向特定的学习活动。要有效地进行长期的有意义学习，动机是绝对必要的。

学习动机在教学活动和学生学习生活中的重要性显而易见。学生学习动机的强弱显示着学生对学习的投入和努力程度。学生乐意学什么，其背后肯定存在着原因。这些原因，对激发学生产生某种自觉性，具有直接的决定性作用，并使学生在学习活动中表现出态度认真，热情高涨，专心致志，毅力坚定，能够经得起时间、孤独、成功、失败以至各种不良诱惑的考验，一以贯之，不懈努力，最终取得学业成功。

3. 如何激发正确的学习动机？

学习动机的激发是指在一定教学情境下，利用一定的诱因，使已形成的学习需要由潜在状态变为活动状态，形成学习的积极性。那么，在实际教学中，教师应如何激发学生的学习动机，使他们那种潜在的学习愿望变成实际的主动学习的行为呢？

（1）启发式教学

启发式教学与传统的"填鸭式"教学相比，具有极大的优越性。要想实施启发式教学，关键在于创设问题情境。所谓问题情境，指的是具有一定难度，需要学生努力克服，而又是力所能及的学习情境。简言之，问题情境就是一种适度的疑难情境。太易或太难，均不能构成问题情境，只有在学习那些"半生不熟""似懂非懂""似会非会"的东西时，学生才感兴趣而迫切希望掌握它，才能构成问题情境。在教学开始时、过程中和结束时，在新旧知识的联系中，在实验的观察和思考中，都可以创设问题情境。

（2）控制动机水平

学习动机和学习效果之间有着相互制约的关系，因此，在一般情况下，动机水平增加，学习效果也会提高。但是，动机水平也并不是越高越好，动机水平超过一定限度，学习效果反而更差。美国心理学家耶克斯和多德森认为，中等程度的动机水平最有利于学习效果的提高。同时，他们还发现，最佳的动机水平与作业难度密切相关：任务较容易，动机水平较高；任务难度中等，动机水平也适中；任务越困难，动机水平越低。这便是有名的耶克斯 - 多德森定律。

由此可知，教师在教学时，要根据学习任务的不同难度，恰当控制学生学习动机的水平。在学习较容易、较简单的课题时，应尽量使学生集中注意力，使学生尽量紧张一点；而在学习较复杂、较困难的课题时，则应尽量创造轻松自由的课堂气氛，在学生遇到困难或出现问题时，要尽量心平气和地慢慢引导，以免学生过度紧张和焦虑。

（3）给予恰当评定

心理学研究表明，来自学习结果的种种反馈信息，对学习效果有明显影响。这是因为，一方面学习者可以根据反馈信息调整学习活动，改进学习策略；另一方面学习者为了取得更好的成绩或避免再犯错误而增强了学习动机，从而保持了学习的主动性和积极性。

所谓评定，是指教师在分数的基础上进行的等级评价和评语撰写。教师在评定等级后再加上适当的顺应性评语，对学习动机具有激发作用，有利于提高学习成绩。

（4）激发和维护学习动机

在对学生进行评价时，奖励和惩罚对于学生动机的激发具有不同的作用。一般而言，"表扬／奖励"比"批评／指责"能更有效地激发学生的学习动机，因为前者能使学生获得成就感，增强自信心，而后者恰恰起到相反的作用。适当表扬的效果优于批评，所以在教学中要给予学生表扬而非批评。

虽然表扬和奖励对学习具有促进作用，但使用过多或者使用不当，也会产生消极作用。有效的表扬应具备下列关键特征：表扬应针对学生的良性行为；教师应明确学生的何种行为值得表扬，应强调具体行为；表扬应真诚，体现教师对学生成就的关心；表扬应具有这样的意义，即如果学生投入适当的努力，则将来还有可能成功；表扬应传递这样的信息，即学生努力并受到表扬，是因为他们喜欢这项任务，并想形成有关的能力。

（5）正确处理竞争与合作的关系

研究表明，存在着三种现实的课堂目标结构：竞争型、合作型和个体化型。竞争型课堂结构激发以表现目标为中心的动机系统，合作型课堂结构激发以社会目标为中心的动机系统，个体化课堂结构激发以掌握目标为中心的动机系统，三种课堂结构都能在不同的方面激发学生的学习动机。但是大量的研究表明，合作型课堂结构能最大限度地调动学习的积极性，更有利于激发学生的学习动机和改善同伴关系。

（6）引导积极归因促使学生努力

积极归因训练对于学生成长具有重要意义。当他们取得成功时，告诉他们这是努力的结果；而当他们失败时，告诉他们这是因为努力还不够。经过一段时间的训练后，学生不仅形成了努力归因，而且增强了学习的信心，提高了学习成绩。只要相信努力会带来成功，那么学生就会在今后的学习过程中坚持不懈地努力，并极有可能换来最终的成功。

总之，激发学生学习动机的方式和手段多种多样。只要教师们有效地利用上述手段来调动学生学习的积极性，学生就有可能学得积极主动，并学有成效。

活动导学

1.你的理想（长期理想和短期理想）是什么呢？这个理想能激发你努力学习吗？

2.你在学习上遇到失败时（如考试失利时）的态度是什么呢？一般归结为什么原因呢？

第2节　一切在我掌握

——制订学习计划

自主学习是一种理想的学习状态，在实际的教育教学活动中，我们发现自主学习能力强的学生，基本上都能制订详细合理的学习计划，加强对时间的管理、规划，久而久之就会形成一种良好的自我学习、生活习惯，不断实现自己在学业、生活等方面的提升和发展，最终成为班级、学校乃至社会中的佼佼者。

问题导入

什么是学习计划？制订学习计划有哪些好处？怎样制订适合自己的学习计划呢？

知识导航

1. 学习计划是什么？

学习计划，是指学生为完成一定的学习任务，在一定时期内对学习的科学安排。办任何事情，事先有个计划才能达到目的。一个人只有学会制订计划才能按计划办事，学生的学习也是这样，要想提高学习质量，就要制订出一个切实可行的学习计划，使自己的学习行为具有明确的目的性，使学习井然有序，从而大幅度地提高学生的学习效率。学习计划不是除了学习还是学习，学习、休息、娱乐都要考虑到计划中去。

学习计划最主要的一个特征就是以目标为导向，有针对性地指向某个学习目的来开展，在确定目标的基础上将计划内容具体化，从而在现实与目标之间建立一座桥梁，使目标能够通过贯彻执行计划内容来得到实现。学习计划的另一个特征就是计划内容具体化，应根据自身实际情况，找准重点，松紧有度，留有余地，简明扼要地列出日程安排，科学地运用学习时间。学习计划的最后一个特征就是执行性，严格地、毫无折扣地执行，一定要有严格监督制约。检查是监督机制的重要部分，没有检查，往往会使计划成为一纸空文，落不到实处。检查不仅是检查学习结果，还应包括检查计划的完成情况，检查计划制订得是否可行等，使计划统帅着实施和检查，使检查监督落到实处。

2. 为什么要制订学习计划？

我国自古就有"凡事预则立，不预则废"的训诫，对于我们学生来说，要想获得学习上的成功，就需要在学习之初制订一套针对自己行之有效的学习计划。制订学习计划可以促进学习目标的实现，可以磨炼学习意志，有利于学习习惯的养成，还可以减少时间的浪费。

（1）制订学习计划能够促进学习目标的实现

我们每个同学都有自己的理想，这个理想就是一个长远的、抽象的学习目标，我们应当脚踏实地实现它。制订具体的、有步骤的学习计划就是实现这个长远目标的第一步。从实际出发，根据自己目前的学习情况和学习能力，确定使用什么样的学习方法，根据这样的学习方法来完成什么样的学习内容。这样，通过制订学习计划，就把现实情况与我们的学习目标有机结合起来，从而增加我们完成任务的动力，增强了我们实现目标的信心。与此同时，我们需要在自己的学习当中积极地与老师和家长进行沟通，对于自己不懂的问题及时请教，遇到情绪上的问题应当和家长进行交流，这样能够促进学习目标的实现。

（2）学习计划的执行可以磨炼意志

我们制订学习计划是为了执行它，然后达到我们的学习目标，但是在计划进行中总会有各种各样的变化和问题出现，在一定程度上影响到我们对计划的执行。比如说意料之外的疾病，需要临时参加课外活动，学习任务重使计划停滞不前等。在面对这些突如其来的变化时，我们应当沉着冷静地面对，然后根据情况对学习计划作出相应的调整。这些困难能够磨炼我们的意志，让我们学会临危不乱地处理问题，每克服一个困难就能进一步增加我们学习的信心和勇气，让我们的意志力在挫折中获得锻炼和提高。

（3）培养我们良好的学习习惯，提高学习效率

在制订学习计划时，我们会形成自己的思路，养成善于思考的习惯，同时按照学习计划来执行自己制订的任务，会让我们逐渐形成自己的行为方式，从而使学习生活变得更有规律。学习计划的制订不仅仅是对我们的学习形成约束，同时也让我们的生活得到了约束，比如按时起床，早睡早起，劳逸结合，这样有利于我们的身心健康，让学习变成生活的一部分。久

而久之，我们会在良好的习惯当中提高学习效率，并且游刃有余地让我们的学习取得进步，打破自己的瓶颈。只要能够坚持良好的习惯，加上顽强的意志力，一定能够在循序渐进的过程当中变得越来越适应，达到事半功倍的效果。

按照计划行事，能使自己的学习生活节奏分明，该学习时能安心学习，玩的时候能开心地玩。久而久之，所有这些都会形成自觉的行动，成为好的学习习惯。合理的计划安排使你更有效地利用时间，你会知道多玩一个小时就会有哪项任务不会完成，这会给你带来多大的影响。有了计划，每一步行动都很明确，也不用总是花费心思考虑下一步该学什么，节约了时间，提高了效率。

总之，科学合理的计划加上脚踏实地的行动会让你如虎添翼，心想事成；反之，不仅于事无补，甚至贻害无穷。计划性是人类行为的根本特征，制订计划是学生必须掌握的一种基本技能。科学的学习计划是学生提高学习、生活的效率，实现自我人生价值，成就未来事业的根本保证。计划的设计是学生学习掌握计划制订技能的有效途径，而执行计划的过程又是对学生意志品质的一种考验。

3. 如何制订学习计划？

学习不是一朝一夕的事，古人寒窗十载，才有金榜题名的荣耀。现在的我们，在进入大学之前同样要经历十几年的求学过程，计划显然必不可少，宜未雨而绸缪，毋临渴而掘井。下面就说一说如何制订计划。

学习计划到底是什么样的呢？大量经验告诉我们，学习计划没有固定的模式，不能完全套用别人的，只有自己试着去做，摸索出自己的完整方法，适合自己的学习计划才是最好的。

虽然学习计划各有不同，但这些共性的东西是每一个学生制订计划时都应考虑的。

（1）目标要明确、适当

因为每位同学的基础各异，接受新知识的能力不同，所以选择目标一定要切合自己的学习实际，要正确估计自己的知识和能力，估计自己能够支配的时间，了解自己学习上的缺欠和漏洞。目标既不能定得过高，也不能过低。目标过高，经过努力仍难以达到，就会挫伤积极性；目标过低，极易达到，就起不到促进学习的作用。"跳一跳就能摘到果子"，便是最佳目标。

（2）要合理安排常规学习时间和自由学习时间

常规学习时间主要是用来完成老师当天布置的学习任务，消化当天所学的新知识。自由学习时间是指完成老师布置的学习任务后归自己支配的时间，这一时间可用来预习、复习功课，查漏补缺和进行课外阅读、训练等。要想做好一件事情，多花费时间是基础，充分利用时间是迈向成功的必由之路。计划时尽可能地做到时间准确和稳定，尽量在同一时间段内安排同一项任务内容。平时的零碎时间看似"微不足道"，但集中起来就很惊人了。达尔文说："我从来不认为半小时是微不足道的一段时间。"如果将所有的零碎时间全部收集起来，形成的"江海"会是一笔很可观的财富，只要我们拥有了这些额外的时间，就被给予了我们平衡好各项活动的底气。

（3）计划要全面，要符合素质教育的基本要求

中学生不能成天只讲读书，智育只是人追求全面发展的一个方面，除此，还有德、体、美、劳等。因此，在制订计划时还要安排锻炼身体的时间、娱乐的时间以及充足的睡眠时间等。

（4）要做到"长计划，短安排"

学习计划一般有两种——长期远景式计划和短期目的性计划。长期远景式计划是指几年后要达到的总目标以及每学期开始时为该学期制订的计划。短期目的性计划是每星期要解决什么问题，每天干什么，则应当制订得很具体。有了短计划，长计划中的任务就可以逐步实现；有了长计划，完成短计划时心中就会有明确目标。

（5）计划要留有余地

计划不要定得太死、太满、太紧，要留出机动时间，可做必要的补充和安排，根据情况变化做出调整。在学习时间和内容安排上有一定的伸缩性，可以适应临时变化，完成计划的可能性也就增加了，这也有利于增强自己的学习信心。

（6）严格执行，要有自我反思和监督保障

学习计划不是制订给老师或家长看的，更不是用来装潢门面的，而是指导自己学习行为的准则。计划一旦制订，就要严格执行。计划执行一段时间后，一定要检查计划内的任务是否完成，没有完成计划的原因是什么。通过检查，立即采取相应措施，调整补充计划或排除干扰计划执行的因素等。

一份合理可行的计划在手，倘若没有顽强的意志和良好的学习作风来配合，那也是不可能实现的。可以这么讲，实现一份计划的过程，也是对一个人的个性考验和培养的过程。

少年，别着急，在你为自己的未来踏踏实实地努力时，那些你感觉从来不会看到的景色，那些你觉得终生不会遇到的人，正一步步向你走来。你只管努力，理智从容地管理好生命中的每一分钟，像战士一样成长、拼搏，接下来迎接你的一切都是最好的战果。

活动导学

1. 根据你自己的实际情况，参照表 2-2-1—表 2-2-3，制订一份暑假或寒假学习计划。

表 2-2-1 暑假计划表

暑假目标	提前完成暑假作业，做好预习，德、智、体、美、劳全面锻炼。	
时间	项目	具体内容
8:00—8:30	起床	叠被子，洗漱，吃早饭
8:30—9:00	语文（单数日）	背古诗等必背课文，辨析近、反义词
	英语（双数日）	背单词，课文
9:00—9:40	数学	预习一课时
		做暑假作业
10:00—12:00	艺术	钢琴考级复习
12:30—13:00	午餐	吃饭，洗碗
13:00—13:30	午休	
13:30—14:40	语文	写一页字，做一篇阅读，预习一篇课文，写作文、日记（3天一小写，5天一大写）
		暑假作业
14:40—14:50	茶歇	下棋等
14:50—15:30	英语	预习一篇课文，做暑假作业
15:30—16:30	室外运动	游泳 / 打乒乓球 / 篮球
16:30—17:30	艺术	舞蹈考级复习
18:00—18:30	晚餐	吃饭，洗碗
18:30—19:00	阅读	看书，勾画好词好句
19:00—19:30	新闻	看新闻联播
19:30—21:00	娱乐	自由活动，或看电视、影片等
21:00—21:30	睡前准备	洗漱等
阶段总结与反思		
家长监督情况		

表 2-2-2　暑假目标完成记录表

项目＼日期	7	8	9	10	11	12	13	14	15	16	17	18	19	20	21	22	23	24	25	26	27	28	29	30	31
语文																									
数学																									
英文																									
阅读																									
室外运动																									
艺术																									
娱乐																									
新闻																									

备注：适当调整时间完成，完成的在对应栏画"√"。一周全部完成并保质保量做好，奖励一本书或其他奖品，一天中有一项没有完成，则背一首古诗。

表 2-2-3 ××届学生寒假计划表

姓名：　　　　　　　　　　班级：　　　　　　　　　小组：

自放假开始，离中考还有 133 天，其中寒假有 29 天（春节前 13 天、春节后 16 天），下期在校上课还有 66 天，其余是周末、节假日和测试时间 38 天，希望全体同学抓住每一天时间，脚踏实地，勤奋努力，向着自己的目标——中考升学冲刺吧！	

计划项目	具体计划内容
我初三毕业的升学理想	
我下期开学各科要达到的分数目标	语文＿＿＿分，数学＿＿＿分，英语＿＿＿分，物理＿＿＿分，化学＿＿＿分，政治＿＿＿分，历史＿＿＿分，体育＿＿＿分，总分＿＿＿。
我现在各科达到的分数是	语文＿＿＿分，数学＿＿＿分，英语＿＿＿分，物理＿＿＿分，化学＿＿＿分，政治＿＿＿分，历史＿＿＿分，体育＿＿＿分，总分＿＿＿。
为了达到这个目标，我在寒假中的态度或决心	

计划项目	具体计划内容			
一、提高弱势科目	我现在的弱势科目是：	这些科目弱的原因是：	寒假提高弱势科目的具体计划是：	实施情况：
二、完成寒假作业，复习初中全部知识	计划：	实施情况（按作业清单逐一总结评价，家长签字）：		
三、提高体育成绩				
四、读书计划和其他实践				
五、合理作息	为了实现以上计划，时间上必须要有保证，我每天的作息时间计划是：早上起床＿＿＿＿，早读时间＿＿＿＿，上午学习时间＿＿＿＿，上午体育锻炼时间＿＿＿＿，午睡时间＿＿＿＿，下午学习时间＿＿＿＿，下午体育锻炼时间＿＿＿＿，晚上学习时间＿＿＿＿，晚上入睡时间＿＿＿＿。（其余时间可自行安排，国家节假日可作灵活的、适当的调整，请家长监督执行）			

过程总结和反馈	2月3日	2月10日	2月17日	2月24日	2月27日
一、家校沟通（微信、钉钉、QQ 或电话）情况					
二、学生总结（即完成情况）					
三、家长评语（并签字）					

注意：请按时认真填写此表，并于 2 月 28 日上午 8 点报名时交班主任。

2.对于学习计划，你有哪些措施使自己严格执行并坚持到底？

参考文献

［1］彭宇佳.制定科学学习计划的重要性［J］.亚太教育，2016（5）：264.

第 3 节　做时间的主人

——我会时间管理

初中生生涯教育，时间管理是不容忽视的重要内容。根据年龄特点和心理特点，初中生在时间管理上存在诸多问题，特别是初一年级学生。因此，很有必要加强时间管理的教育与指导，以提高学习效率。这一节，将介绍时间的特点、时间管理的必要性、时间管理的策略等内容，以帮助初中生提高时间管理的意识和能力。

问题导入

随着年龄的增长，初中生对时间的概念逐渐有了认识，开始感受到时间的可贵，在这时候进行关于时间管理的教育，可谓恰逢其时。那么，我们不禁要问什么是时间？时间有什么特点？为什么要进行时间管理？怎样进行时间管理？

知识导航

1. 时间有什么特点？

时间，是人类用以描述物质运动过程或事件发生过程的一个参数，是物质运动、变化的持续性、顺序性的表现，包含时刻和时段两个概念。

时间具有以下几个特性：

——**公平性**：世界上称得上最公平的事情，莫过于对时间的拥有。上至国家元首，下至平民百姓，每日每月每年所拥有的时间绝对是一样的，不多一分，不少一秒。

——**稀缺性**：时间是一种稀缺的资源，不可复制，不能再生。因此，时间对于人生来说非常宝贵，古人"一寸光阴一寸金，寸金难买寸光阴"的训诫是很有道理的。

——易逝性：时间在不停地流逝，如滚滚东去的长江之水，一去不复返。两千多年前，圣人孔子站在河边有感而发："逝者如斯夫，不舍昼夜。"这既是对弟子的告诫，也是对后人的警示。

2. 什么是时间管理？

所谓时间管理，就是指在同样的时间消耗下，为提高时间利用率和有效率而进行的一系列规划与控制，以有效实现既定目标。

调查表明，初中生的时间管理存在诸多问题：缺乏强烈的时间管理意识，没有形成良好的时间观念，时间管理的规划性和自律性不强，其管理现状堪忧。

（1）管理意识不够

从小学开始，教师会不断强化学生对时间重要性的认识，初中阶段的学生对时间的稀缺性与易逝性有了比较清晰的认识，对时间的重要性耳熟能详，但缺少管理认知，不懂得如何管理自己的时间。尤其是在初一阶段，学生刚从时间宽裕、学习任务相对轻松的小学环境升入初中，还没有完全适应快节奏、高强度的学习生活，面对初中的学业压力，时间管理零基础的孩子们往往感到迷茫而无所适从。

（2）管理能力不强

在工作中发现，不少的初中生学习勤奋刻苦，将大部分时间投入到学习中，很少休息，熬夜成了普遍现象，但取得的学习成绩并不理想。为什么具有这样大的反差呢？课题研究表明，学生缺乏时间管理能力。表现在缺乏对时间的规划，不能合理分配和有效利用时间。造成这一现状的原因在于大多数学校忽视了时间管理教育，学校开设的课程中，很少有时间管理的相关知识介绍。许多教师虽然揭示了时间的重要性，却弱化了对时间管理的具体指导。

（3）管理自律性差

自律是学生成长中非常重要的因素，初中生的年龄特点和心理特点决定了自律性普遍不足，在时间管理方面也是如此。有些孩子虽然也能制订时间计划，但常常不能有效约束自己，不能严格执行计划，做事拖拉，在非主要任务上消耗大量时间，造成时间计划形同虚设，影响了任务的完成，打乱了学习与生活的节奏。

初中阶段的时间管理，其核心任务是形成意识，科学规划，合理安排，提高效率。

3. 时间管理的作用

时间管理，既是初中生生涯教育的重要内容，也是初中生生命教育不可或缺的重要成分。在初中生生涯教育中，指导时间管理的方法，进行时间管理的训练，对初中生的成长极具教育价值。因此时间管理十分必要，也大有可为。

（1）有利于学业发展

初中生处于学业发展与人生成长的重要阶段，面临学业任务重、学科多、时间紧等压力，其时间管理能力和方式会影响学业成绩。研究表明，初中生时间管理能力与学业水平存在极显著的正相关。时间管理是影响初中生学业成绩的重要因素，时间管理能力强的学生常常成为学优生，而时间管理能力不强的学生往往沦为学困生。同时，时间管理能力，也会影响学生升入高中甚至大学的后续学习。

（2）有利于身心健康

加强时间管理，提高时间效率，能够影响初中生身心发展的程度与水平。一是有利于身体健康：进行时间管理训练，意味着学生有更多的时间进行课外活动或体育锻炼，有利于增强体质。二是有利于心理健康：进行时间管理训练，可以帮助学生从容驾驭自己的学习生活，减少紧张焦虑情绪，减少加班加点、熬夜学习等学习状态带来的身心疲惫，增强成长的获得感与幸福感，提高心理健康水平。

（3）有利于素质教育

对初中生的时间管理指导与训练，可以使他们学会科学管理与利用时间，从而提高时间利用效率，快速完成学习任务，获得更充裕的时间。一方面可以发展兴趣爱好和个性特长，做到全面发展，提升综合素养；另一方面可以开展丰富多彩的活动，避免了单一功课学习带来的枯燥，增添学习乐趣，让快乐学习的理念落地生根，让素质教育的理想开花结果。

4. 怎样进行时间管理？

时间管理的核心任务是提高初中生的"三力"。

（1）提高时间管理的意识力

一是资源意识。让学生认识到时间有限，逝去后不可逆转，是一种稀缺资源，十分宝贵，需要自觉地管理自己的时间，以成就学业之美、事业之美。

二是生命意识。时间是构成生命的重要元素，时间管理与生命存续密不可分，正如鲁迅先生所说，时间就是生命，无端地空耗别人的时间，其实是无异于谋财害命的。因此，把时间管理作为初中生生命教育的内容，会提高学生生命的质量，成就生命之美。

三是管理意识。一是收集关于时间管理的名言警句，如叔本华的"普通人只是想如何打发时间，有才能的人则设法利用时间。"培根的"善于选择要点就意味着节约时间，而不得要领的瞎忙，却等于乱放空炮。"在阅读中让学生明白，时间是需要管理的。二是介绍古今中外名人管理时间的小故事，树立榜样，形成示范效应，让时间管理意识在学生心中扎根。

四是效率意识。初中生时间管理的核心就是科学合理地分配时间，提高单位时间的利用率，从而提高学习与生活效率，形成高效学习、高效工作的素养，为快乐学习和幸福生活奠基。

（2）提高时间管理的规划力

每个人在某一阶段的时间总量是相等的，然而，是否经过科学规划，带来的效益却不相同。教师要教会学生科学合理地规划时间，掌握时间管理的方法。

方法一：设置合理目标。初中生的学习生活很多时候是没有目标的，即使有，也比较模糊。因此，时间管理训练中，让学生为自己的每一件事设置清晰具体、适合自己的目标。可以将大目标分解成一个个能在短时间内完成的小目标，并且设置完成目标的时间。例如，用一个小时做一套数学试卷，每天用 30 分钟进行体育活动等。

方法二：制订日程安排。就是将每天的学习、生活进行规划，什么时间做什么事，做到心中有数，提高学习生活的条理性，提高时间利用效率。需要注意：安排时要做到劳逸结合，张弛有度。

方法三：罗列事务清单。就是把每天的学习、生活等事务罗列出来。首先要整理每日要做的事务。然后安排事务顺序，分清事情的轻重缓急。事务清单最好用表格的形式呈现，每完成一件，就从列表中删除一件。需要注意：一是不要安排太满，只需把 60% 的时间计划好就行；二是遵循生物钟规律排程，尊重自然规律。

方法四：进行合理取舍。利用好时间最重要的原则，就是不要试图把所有的事情都做好，要分清重点，果断舍弃非重点或超出自己能力的事情，以换取时间。观察发现，有拖拉习惯的初中生常常不懂得事情取舍，沉迷于无意义的活动，在无关紧要的事情上延误了时间而不能按时完成任务，只好熬夜，影响了身体健康，形成恶性循环。

方法五：实现任务交替。如果同一任务安排过多，持续时间过久，会降低效率。解决的办法是不同的任务交替安排，通过任务转换提高效率。

方法六：善用零碎时间。著名数学家华罗庚说："时间是由分秒积成的，善于利用零碎时间的人，才会做出更大的成绩来。"比如利用零碎时间记忆语文的字词、诗词、文学常识，记忆英语单词、短语，让看似无用的零碎时间产生效益。

（3）提高时间管理的执行力

执行力是时间管理效果的有力保证，需要培养学生的自律能力，引导学生严控时间，哪个时间该做什么事情，就一定要按照计划认真完成，养成良好的学习和生活习惯。

具体做法是对时间实行数字化管理，以提高对规划时间的执行力。

记录法：就是记下每件事情的起止时间和这段时间的任务量。一天下来，做事过程一目了然，然后与计划时间进行比对，看看实际执行的情况，反馈做事的效率。

检测法：一是检测单项任务的效率。要求学生给自己的每一个学习任务设置完成期限，严控时间，拒绝拖延。比如通常做一页练习需要多少时间，最快要多长时间，实际用了多少时间。二是监测每日任务的效率。完成每天的所有任务计划需要多少时间，实际用了多少时间，及时反馈，及时总结反思。做到今日事今日毕，养成良好的习惯。

修正法：每天分析自己的时间利用情况，找出不合理的地方，及时修正计划安排。这样循环往复，不断提高对计划时间的执行力，逐渐养成时间管理的良好习惯。

故事导发

严控时间，拒绝拖延

重庆南开中学刘昶以 714 分的优异成绩，夺得重庆市 2019 年高考理科状元。

在刘昶看来，自己能够取得这样的成绩，主要得益于从小父母对他培养的良好习惯。刘昶直言，从小父母对自己管得比较严，尤其是在对时间的把控上。"哪个时间该做什么事情，就一定要认真完成，拒绝拖延。"此外，刘昶说，爸妈也不允许他打游戏。在这样的严加管教下，他渐渐养成了习惯，学会了管理自己的时间，学习效率比较高。"我一直都是按时作息，从来不熬夜，就算是高三，最晚 12 点睡觉。"

状元的"事件列表"

四川省理科状元、石室中学张家杰在 2019 年高考中考出 718 分的好成绩。其学习秘诀是制订每日代办清单：

（1）排优先次序。首先完成重要且紧急的事情，重要不紧急的事可以缓一缓。

（2）排时间次序。比如晚上7点到8点写语文作业，8点到9点写数学作业，确定到每个时间点。

（3）确定完成时间。严格按照时间节点执行任务。

张家杰还注意这些内容：

（1）关掉一切通信设备。不能分散精力，不要被意外的事情打扰。

（2）烦了就换一件事。如果连续学习4个小时英语太烦躁，不如分成2个小时学英语，2个小时学数学，轮换着来。

活动导学

学会管理时间，是一个人成功必备的基本素质。不浪费时间，最好的办法是养成合理安排时间的习惯。

1.请你也来学一学制定每日代办清单。

2.在学习生活中，你如何做到严控时间，拒绝拖延？

3.在学习生活中，你如何提高对时间管理的意识力、规划力、执行力？

参考文献

［1］易家志.对学生进行时间管理的必要性与可为性探讨［J］.进展·科学视界，2020（5）：73-74.

第4节 让学习的车轮停不下来

——培养良好学习习惯

"什么是教育？简单一句话，就是养成良好的习惯。"著名教育家叶圣陶先生的这句话，点明了习惯在教育中的重要作用。在初中生生涯教育中，习惯培养是一项重要任务，因为初中仍然是学生养成教育的关键时期，是小学阶段养成教育的延续与巩固。在诸多习惯培养中，学习习惯的培养尤为重要，关乎学生学业质量的高低，关乎学生学业的可持续发展。

问题导入

习惯养得好，终身受其益；习惯养不好，终身受其累。

——著名教育家陈鹤琴

是否真有幸福，并非取决于天性，而是取决于人的习惯。

——艾比克泰德

习惯真是一种顽强而巨大的力量，它可以主宰人的一生。

——培根

思想引导行为，行为养成习惯，习惯造就性格，性格决定命运。

——约·凯恩斯

总以某种固定方式行事，人便能养成习惯。

——亚里士多德

读了以上名言你认为什么是习惯？习惯在一个人的成长中有何重要性？怎样培养良好的学习习惯？

知识导航

1. 什么是习惯?

1978年，75位诺贝尔奖获得者在巴黎聚会。有人问其中一位诺贝尔奖获得者："你在哪所大学、哪所实验室里学到了你认为最重要的东西呢？"出人意料，这位白发苍苍的学者回答说："是在幼儿园。"对方又问："在幼儿园里学到了什么呢？"学者回答："把自己的东西分一半给小伙伴们；不是自己的东西不要拿；东西要放整齐，饭前要洗手，午饭后要休息；做了错事要表示歉意；学习要多思考，要仔细观察大自然。从根本上说，我学到的全部东西就是这些。"这位学者认为终身所学到的最主要的东西，即幼儿园老师给他们培养的良好习惯。

什么是习惯呢？

习惯是长时期养成的不易改变的动作、生活方式、社会风尚等。习惯是行为的自动化，习惯一旦养成，就会成为支配人生的一种力量。

2. 习惯有多重要?

养成良好的习惯非常重要，习惯成就未来。有调查表明，人们日常活动的90%源自习惯，大多数人的日常活动都只是习惯而已。从起床、洗澡、刷牙、穿衣、读报、吃早餐、驾车上班到思考处理问题等，一天之内上演着几百种习惯。习惯的影响十分深远，如果不加控制，将影响我们生活的所有方面。

有人说："性格其实就是习惯的总和，就是你习惯性的表现。"关于习惯成就性格的说法并不是最近才提出来的。古希腊哲学家亚里士多德早在公元前350年便宣称："正是一些长期的好习惯加上临时的行动，才构成了美德。"著名心理学家威廉·詹姆士说："播下一个行动，收获一种习惯；播下一种习惯，收获一种性格；播下一种性格，收获一种命运。"可见习惯的影响之大。

习惯具有强大的力量，所有成功人士都有一个共性，那就是有良好的习惯。正是这些好习惯，帮助他们开发出更多的与生俱来的潜能。好的习惯就是人们走向成功的钥匙，而坏的习惯则是通向失败的大门。

因此，有这样一个经典的比喻："习惯是存放在神经系统中的资本，好习惯让你一辈子享受不尽它的利息；如果你有坏习惯，让你一辈子偿还不完它的债务，它不断增长的利息，足以让你的事业破产。"

3. 怎样培养学习习惯?

小学阶段是养成教育的最佳时期,许多好习惯都能在这个阶段形成。初中阶段,学生仍处于行为习惯的形成期,养成教育要持续进行,不断强化与巩固。

初中生学习习惯需要从以下 12 个方面着手培养:

(1)整理资料的习惯

初中阶段学科增多,资料繁杂,学生要学会分类收集、整理书籍资料,以提高学习效率。学习资料杂乱无章,会提高丢失的可能性,影响学习。建议每个学生准备一个资料袋或资料夹,分类收集、整理各科学习资料。

(2)工整书写的习惯

工整书写既是一种态度,也是对他人的尊重。书写潦草、涂改多会造成别人看不清你的书写内容,影响作业质量和学业成绩。

(3)提前预习的习惯

预习是学习必不可少的环节,也是学习的起始环节,需要重视。每次新课前的主要内容、重要知识点需要预习一遍,把不理解的地方找出来,思考教材提出的问题。带着问题听课,能增强听课的针对性,提高听课质量。

(4)专注学习的习惯

"天才,首先是专注力。"这是法国著名生物学家乔治·居维叶对专注力重要性的高度概括。据研究表明,学生之间成绩的差异主要是专注力的差异造成的。怎样培养学生的专注力呢?据专家调查,一个嘈杂、喧闹的环境会分散学生的注意力,让人心烦意乱,无法专心学习。课堂要保持安静,老师讲课时学生的抬头率要高,边听边思考、边听边做笔记可以避免上课走神。在家学习时不能一边写作业一边看电视、听音乐、玩手机、玩游戏等。完成作业时集中注意力,不能分心。一个学习时间段要能持续 40 分钟以上,不然听课中注意力的持久性不够,容易走神。

(5)善做笔记的习惯

俗话说"好记性不如烂笔头",课堂中要及时记下老师讲课的要点、难点、重点和易混点等,便于课后查阅、复习和巩固。听课做笔记需要眼、耳、手、脑并用,可使大脑接受多种感官的综合刺激,便于加强对老师讲授内容的理解、掌握和记忆。

（6）多思善问的习惯

对待学习要严肃认真、多思善问。遇到课上没听明白的问题，下课以后要找老师或同学询问，有疑问的地方要找老师或同学一起讨论研究，多问几个为什么，把知识点消化吸收。"多思"就是把知识要点、思路、方法，知识间的联系，知识与生活实际的联系等认真思考，形成体系。"善问"不仅要向自己多问为什么，还要虚心向老师、同学及他人询问，要做到决不轻易放过任何一个问题。这样才能发现问题，解决问题，这样才能增长知识，提高能力。

（7）合作研讨的习惯

要学会团结协作、相互配合、合作完成学习任务。要善于帮助别人，也要善于向别人学习，通过协作研讨，调整自己在叙述、解释、验证事实、解决矛盾等方面的看法，实现对知识的科学建构。我们可以试着当老师，和其他同学互相讲解，从而学会不同的思维方式。

（8）大胆质疑的习惯

这是不唯上、不唯书，敢于怀疑，敢于突破旧观点，敢于对问题进行讨论、争论，发表自己不同见解与看法，有理有据地阐明自己的观点。发表自己的质疑，表述要准确，逻辑要清楚，要先把问题想好。想是说的先导，只有想得周密，说得才有条理，才透彻。

（9）总结反思的习惯

古代大教育家孔子说："学而不思则罔，思而不学则殆。"学与思是紧密结合在一起的。在平时学习中要经常反思，善于反思，在反思中及时总结，探索方法，并对自己学习中的经验、方法进行分析总结，找到适合自己学习的巧妙方法，在总结反思中找到各科学习的内在逻辑与客观规律。

（10）按时做作业的习惯

学生要养成先作业后玩耍的习惯，如果先玩耍后做作业，往往把握不好时间，会出现赶作业、抄作业的情况，影响作业质量。

（11）学以致用的习惯

要做到把书本知识与实际生活、生产实践相结合，把知识运用到生产生活中去，在生活和实践中验证知识，培养自己的实践能力。

（12）阅读的习惯

阅读在人的一生中起着十分重要的作用，一本好书，蕴含着丰富的知识和美好的情感。

阅读一本好书，就是跨越时空同智者对话。古今中外有成就的人，都喜欢阅读，并善于从书中吸取营养，从而走上成功之路。教育家苏霍姆林斯基说："一个不阅读的孩子就是学习上潜在的差生。"可见阅读在学生学业发展中的重要性。

故事导发

江苏省锡山中学的阅读习惯

锡山中学学生高中三年阅读总量约在 500 万至 600 万字，有许多学生超过 1000 万字。即使是在紧张的高三，许多孩子仍在挤时间读书。2014 年，锡山中学一位学生参加北大面试，面对 6 位教授的步步追问，这位喜欢阅读哲学的理科女生，从容面对，侃侃而谈，最终让全体考官一致亮出高分。

活动导学

学习习惯是取得学习成绩的保障，请梳理自己的学习习惯，用表格列出良好习惯和不良习惯进行比照，并在每种不良学习习惯后面写出矫正计划，坚持训练 20~30 天，不断矫正不良习惯，以助形成良好习惯。

参考文献

［1］秦顺.书馆开展未成年人阅读服务的思考：基于 2009—2018 年"全国国民阅读调查报告"的分析［J］.图书馆研究与工作，2019（7）：42-46.

第5节 学之有道

——学习方法指南

在决定学生学习成绩的诸多因素中，学习方法是一个重要因素，尤其是在中学阶段。方法得当，事半功倍；方法不当，事倍功半。在一项对中考状元成功秘诀的调查中，学习方法的重要性以 54.64% 排在第一位，比排在第二位的"头脑好"高出 33.43%，可见在取得好成绩的众多条件中，方法比勤奋、天资更重要。学法指导，应该成为生涯教育的主要内容，贯穿生涯教育的始终。

问题导入

怎么进行课前预习？怎么听课、做笔记？怎么进行复习？怎么提高记忆力？怎么进行课外阅读？

知识导航

学习一般分为六个环节：课前预习—上课听讲—作业训练—复习巩固—总结反思—检测反馈。下面将从这几个环节谈谈需要的学习方法。

1. 课前预习的方法

课前预习是学习必不可少的环节，许多初中学生不够重视，认为可有可无。其实，课前预习有利于培养学生的自主学习能力，有利于提高学生的听课效率，发挥学生的主体地位，充分调动学生的学习主动性，有利于学困生扭转学习被动局面。由此可见，预习不但不能弱化，反而应该加强。常见的预习方法如下：

（1）提纲预习法

就是把所预习的内容列成提纲，提炼概括为有逻辑联系的纲要结构，使之层次分明，脉络清晰，观点突出，文字精练，便于掌握章节大意和主要内容。列出章节的重点、要点，经过这样的预习，章节的内容就很容易理解和识记，为听讲铺平道路。

（2）符号圈点预习法

预习时找到重点、难点，并用一套代表符号进行圈点勾画，标上记号，为听课做好充分的准备，有利于注意力的集中，激发思维，增强记忆。可用铅笔进行标注，勾画出内容的要点、难点和疑点，为下一步的学习打下基础。在初步预习的基础上，可按照例题的方法，试着解题，看看能否运用。

（3）快速阅读预习法

第一步：浏览目录。

第二步：通读前言。

第三步：翻阅有关章节，重点是标题、插图、图表等引人注意的地方。

第四步：对重点内容做好摘录。

第五步：依据阅读材料给自己提问题。

（4）温故知新预习法

在预习过程中，一方面初步理解新知识，归纳新知识的要点，找出疑难问题；另一方面，复习巩固与新知识相联系的旧知识，联系旧知识，学习新知识，使知识系统化。

（5）扫除障碍预习法

在预习过程中通过查阅工具书、相关资料，以及请教他人等方式扫除学习障碍。在进行课前预习时，应该认真阅读教材，找到问题后不仅要标上记号，而且要努力解决，尤其对于一般知识，在预习中能自己动手解决的则应自行解决。

（6）循序渐进预习法

循序渐进预习法适用于难度较大，而又较重要的章节内容。

第一步，通读教材。看新课题目，想问题，之后初读教材，边读边标注出理解之处。

第二步，掌握并理解内容，把教材读通。对于不理解的地方，用问号等记号标出。

第三步，结合课后练习和自己的问题进行思考，查找和阅读有关参考资料，自己解决一些问题，发现一些新的有价值的问题。

第四步，再读一遍教材，写出自己的体会。

（7）表格预习法

绘制表格，列出教材的重要组成部分、主要条目、关键问题的解决方法等方面的内容。通过预习，找出新课内容的重点、难点和疑难问题。表格预习法可用于单元预习、单节预习等。

（8）质疑预习法

在预习过程中，在理解教材所讲的知识、方法、结论的基础上，对某些解决问题的方式方法进行质疑。提出不理解的问题，通过思考、查资料、请教老师等方法，找出正确答案。

（9）习题试解预习法

预习如果只看书，很多问题并不能被发现，这样的预习达不到理想的效果。预习不仅仅包括看书，还应包括做习题。

2. 课堂学习的方法

课堂学习是最关键的学习环节，课堂是学习的主阵地，决定着学生学习成绩的优劣。课堂上认真听讲，对知识内容就有可能当堂消化，不留死角；有了疑问，老师也会尽心讲解。所以说，课堂听讲的效率最高。课堂学习包含听课、做笔记等重要内容。

（1）听课的方法

听视并用法：听课需要一边听，一边看。听觉和视觉并用，比只听不抬头看的听课效果要好。听是接受声音信息，看是接受图像信息。

听思并用法：边听边思，可以由被动转化为主动，逐步加深对知识的认识和理解。只听不思考，录音机式地听课，囫囵吞枣，谈不上真正掌握知识，更谈不上培养创造性思维能力。

"五到"听课法："五到"就是指耳、眼、口、手、脑都要动起来，多种感觉器官并用。"耳到"是听老师讲，听同学发言、提问，不漏听、不错听。"眼到"是看教材，看老师的表情，看板书，看优秀同学的反应。"口到"包括复述、朗读、回答问题。"手到"有做笔记、圈重点、批感想、做练习。"脑到"是动脑筋，心力集中，积极思维。

符号助记法：以符号提示自己，以利长期记忆。如重点语句可打着重号、波浪线或加三角号，疑难问题可打问号。只要自己懂得、自己习惯用的各种有利于记忆的符号都可运用。

要点记取法：抓住要点听和记，比毫无重点地全部听和记，效果要好得多。

主动参与法：课堂听课，一定要积极参与，主动地学，随老师的教学思路转，这样可以保证注意力高度集中，听课效果好。例如积极举手发言的学生，学习进步特别快，成绩好。

听懂新知识法：听懂，就是把知识的概念或结论搞明白，也需要把新、旧知识的内在联系搞明白。

目标听课法：上新课前预习时，发现不懂的问题记录下来，上课时带着这些问题听课，目标明确，针对性强。预习时弄懂了的，听一遍等于复习了一遍，加深了印象。预习时不懂的就应特别认真地听，仔细地听。

质疑听课法。"质疑"即提出疑问。古人说："学贵知疑，小疑则小进，大疑则大进。"人们知识的获得，能力的发展，都是在不断的质疑中实现的。听课时，对经过自己思考，但未听懂的问题，可以及时举手请教；对老师的讲解，同学的回答，有不同看法的，也可以提出疑问。这种方法，也可保证听课者始终集中注意力。会提出问题的学生往往也是会学习的学生。

存疑听课法。听课时，对疑难问题，不一定马上打断老师讲课，可以暂时记下来，待下课后再思考或再请教同学、老师。这样做，不影响老师的教学进度，不会因个人纠缠某个问题而耽误大家的时间，还可以促使自己深入钻研问题，养成独立思考的好习惯。

（2）做课堂笔记的方法

当前，不少学生课堂懒于动笔，没有课堂笔记，或者有课堂笔记但记得不好，课堂效率不高，导致学习成绩不太理想。

俗话说"好记性不如烂笔头"，这说明，做好课堂笔记，是强化记忆和理解，巩固知识，提高学习成绩的一条重要措施和保证。

怎样记好课堂笔记呢？

有的放矢课前记。课前要先对教师所讲的教材内容认真预习，对新课有大致了解，尤其找到自己看不懂、理解不透的部分，并记下来。听课时就能比较轻松地跟上老师的思路，对疑问部分投入更大的关注，做到笔记有的放矢，减少无用功，增强针对性。

详略得当选择记。记笔记和听课是同步进行的，因而要处理课堂上"听"与"记"的关系，否则，会造成因听误记或因记误听。怎样化被动为主动，一个关键就是带着问题听课。有人曾经总结了课堂笔记的"三记三不记"：记课堂的重点和难点，记预习时自己尚未弄懂的疑点，记书上没有、老师补充的内容；次要的内容不须记，一看就懂的问题不须记，书上有的不须记。这样，既省时又能收到较好的效果。

准确简洁灵活记。重点、难点、疑点、易混点要记全，但也不是照抄老师的板书和课件内容。记录时最好能用自己的话概括或用关键词提醒。同时，对老师所传授的课本上没有的知识网络、归纳总结的要点、总结的解题方法等，要记录得准确无误，不能马虎。

留下空白课下记。笔记不要记得太密，便于课下整理分析、综合时，把课堂上为不妨碍听课而来不及记下的补上，把课下参阅有关资料的新内容添上，把这一章节的知识点归纳综合。对知识的掌握往往是经过反复思索，所以，笔记不可能一次全面完成，应该在反复的学习中不断补充和感悟，获得内容的充实和质量的提高。

学会利用书本记。课本是自己的书，可通过直接在书上画圈、加批注的方式做笔记。利用不同的符号表示不同的意义，如"△"表示强调的重点处，用"？"表示疑点处，画"！"表示精彩或感叹处。在书页的空白处写上批语、旁注，教师分析问题和解决问题的思路等，这样做似乎把书搞得有点"面目全非"，不太整洁，但对自己来说，确实最为有用，尤其对以后复习，更是作用巨大。

不同科目分开记。课堂笔记是自己今后复习时最重要的、最适合自己使用的资料，它比任何习题集或参考书都有价值。所以，课堂笔记本应该一科一个，不要混用，以免造成学习时的混乱，同时要认真保存，逐步完善，做好补充，对总复习作用将会十分重要。

3. 课后复习方法

德国著名心理学家艾宾浩斯的研究表明：一个人在学习后 20 分、1 小时、8 小时、24 小时、2 日、6 日、31 日，记忆率分别是 58%、44%、36%、34%、28%、25%、21%。也就是说在学习识记完某一知识后，遗忘就开始发生，尤其在起始阶段，遗忘的速度较快。因此，在学习完某项内容后应及时复习。

复习的几种频率：

（1）日复习

即第一次复习的最佳时间应该在学习后的 24 小时内。日复习环节：①回忆；②复习梳理；③做作业；④拓展提高；⑤错题集整理及浏览。

（2）周复习

即第二次复习。每到周末都要对这一周所学的内容进行一次复习，也就是说在未等记忆的内容遗忘掉之前就再次复习。这样只需要花费很少的时间就能复习巩固一次。如果等所学的内容全忘了之后才去复习，就等于重新学习一次，此时所花费的时间就比较多，学习的效率就比较低。周复习环节：①知识归类；②复习梳理；③做作业；④拓展提高；⑤错题集整理及浏览。

（3）月复习

每到月末都要对这一月所学的内容进行一次复习。月复习环节：①知识归类；②复习梳理；③阶段综合训练；④错题集整理及浏览。

（4）期中复习

每到期中都要对这几个月所学的内容进行一次复习。期中复习环节：①知识归类；②复习梳理；③期中综合训练；④错题集整理及浏览。

（5）期末复习

每到期末都要对本学期各月所学的内容进行一次复习。期末复习环节：①知识归类；②复习梳理；③期末综合训练；④错题集整理及浏览。

后 3 种属于循环复习法，它的好处是把间隔久远的知识记扎实，复习次数多的知识，复习的用时就少，效率就高。

下面再提供复习的一些小技巧。

睡前醒后是记忆的黄金时段，做机械记忆类复习最佳。

对于复习内容较多时，在复习时先列提纲，总结大意记忆；然后再细化，这样记得快。

在复习时理解所要记忆的内容，在理解的基础上复习效果最好。

采用联想记忆法，即把所复习的知识点和有趣的事件联系起来。

注意文理学科交替学习，不同学科交替学习。因为不同学科的知识由大脑不同的部位主管，学科交替学习可以使大脑的各个部位得到轮换休整。

对记忆内容而言，中间材料容易遗忘，开头与结尾的内容容易记。可对所要记忆的内容进行分段复习，以便增加多个开头与结尾，提高记忆效率。

用脑过度，记忆效率低，因此我们学习时要注意劳逸结合。一般来说每学习一个小时左右就要适当放松一下。

要随身携带学习卡片，尽量用闲暇时间来复习。另外，给同学讲题也是一次很好的复习。

4. 记忆训练方法

记忆就是对经历过的事物能够记住，并能在以后再现（或回忆），或在它重新呈现时能再认识的过程，它包括识记、保持、再现三方面。

识记即识别和记住事物特点及其间的联系，它的生理基础为大脑发展形成了相应的暂时神经联系；保持即暂时联系以痕迹的形式留存于脑中；再现或再认则为暂时联系的再活跃。通过识记和保持可积累知识经验，通过再现或再认能恢复过去的知识经验。

记忆是学习的重要环节，是巩固知识的重要手段。科学记忆，有利于提高学习效率，有利于加速知识积累。因此，要提高学习效率，加速知识积累，就要学会科学的记忆方法。

（1）重复记忆法

重复是学习之母，尤其像字词、概念、外语单词、历史年代、事件等枯燥乏味的东西，更需要循环往复地记忆。

（2）早晚记忆法

根据心理学原理，早晚记忆分别只受"倒摄抑制"和"前摄抑制"的单项干扰，因而记忆效果较好。

（3）读写记忆法

边说边记，多种分析器的协同合作也是提高记忆成效的重要方法。这种方法特别适合于记字词、诗词、外语单词等。

（4）间隔记忆法

读一本书，学一篇文章，最好分段交替进行记忆，记忆时间不宜过分集中。

（5）概要记忆法

在一般不可能把所有的内容和细节都记下来的场合，如听报告、故事，看电影、小说，可把其中心、梗概、主题记住；或先记一个粗略的框架，然后再设法回忆补充。

（6）选择记忆法

古人云："少则得，多则惑。"读书学习都要抓住其中的重点、难点和关键。记忆的内容有所选择，不要"眉毛胡子一把抓"，更不要"捡了芝麻，丢了西瓜"。

（7）趣味记忆法

可以将记忆内容编成口诀、歌诀，增强记忆的趣味性。

（8）运用记忆法

记忆是建立联系，运用则是巩固联系的最有效手段。我们一定要把所学到的东西运用到实践中去，在运用中加深理解，巩固记忆。

（9）交替记忆法

这是把不同性质的识记材料按时间分配，交替进行记忆的方法。长时间单纯识记一门学科知识的效果不好，因为具有相同性质的材料对脑神经的刺激过于单调，时间一长，大脑的相应区域负担过重，容易疲劳，将会由兴奋状态转为保护性抑制状态，表现为头昏脑涨、注意力不集中，这就不利于记忆。把对不同学科的学习交替进行，避免过多地接受单一刺激，可提高记忆功效。

（10）自测记忆法

就是通过自己测验来增强记忆的方法。分定期测验、默写自测、设问自答几种情况。

（11）系统记忆法

就是按照科学知识的系统性，把知识理顺成章，编织成网，这样记住的就是"一串珠子而不是零散的"。

（12）争论记忆法

就是通过与别人对识记材料进行争论探讨以强化记忆的方法。在进行争论的时候，争论双方都处于高度紧张状态，一方面，全神贯注地听取对方的意见，同时分析其中的正误；另一方面，积极思维，评论对方的见解，阐述自己的观点。这种情况下，信息输入大脑容易留下较深刻的印象。需要注意：争论动机要正确，争论态度要端正，争论方法要适当。

（13）理解记忆法

心理学认为，理解是通过利用现有的知识在事物与事物之间建立起一种逻辑联系。理解记忆法，理解是关键，是记忆的基础。要理解，就应对记忆的内容进行分析、判断。掌握它们内在的逻辑联系和层次关系，抓住表现内容实质的关键处（或重点词语，重点句、段，重点步骤等）。这样，也就在理解中识记了。

（14）尝试回忆法

尝试回忆法就是在背记过程中，不断地自己考自己。考的方法很多，主要是采用自己复述、自己默写等方式。这种方法的好处是：及时反馈记忆信息。每次尝试背诵就是给予一次记忆信息的反馈。每次尝试回忆后，就会知道自己记住了什么，还有什么没记住。在进一步阅读时便可有重点、有选择地记忆。

（15）比较记忆法

就是对相似而又不同的识记材料进行对比分析，弄清它们的异同以进行记忆的方法。其好处是：全面地识记材料，准确地识记材料，深刻地识记材料。比较记忆的方法：第一，同中求异，抓住细微的特征进行记忆；第二，异中求同，即在识记材料不同点外努力找出它们的相同点或相似点。

故事导发

全球公认的高效学习法

1. 费曼学习法

费曼学习法就是当你学习了一个新知识后，想象自己是一个老师，用浅显直白的话，把这个知识讲给一个完全不懂的人。如果对方不懂，就去查看问题出在哪，回去再学习，再讲述，直到对方学懂为止。一直以来，学习都是一个输入的过程。但是只输入不输出，是无法真正掌握知识的。费曼学习法就是一种先输入后输出的过程。

2.SQ3R 阅读法

SQ3R 代表着五个单词：Survey（浏览），Question（提问），Read（阅读），Recite（复述），Review（复习）

在学习之前，先把内容大概浏览一遍，然后在这个浏览的基础上提出自己的问题，明确所学内容是讲什么的，解决什么问题。然后带着这个问题去深入阅读，通过阅读找出答案。最后不看书，自己复述一遍，最后是进行复习，巩固学习成果。五步下来，学习的内容就能够被真正吸收。

第6节　广泛获取知识

——阅读有方

　　阅读是学习并获得间接知识的重要途径，是把别人的知识转化为自己知识的过程。因此，阅读是获得智慧的源泉。

问题导入

　　让每个人成为终身阅读者。

　　一个人的阅读史，就是一个人的精神发育史。

　　一个不阅读的孩子就是学习上的潜在差生。

——苏霍姆林斯基

　　读史使人明智，读诗使人灵秀，数学使人周密，科学使人深刻，伦理使人庄重，逻辑修辞之学使人善辩。凡有所学，皆成性格。

——培根

　　生活里没有书籍，就好像没有阳光；智慧里没有书籍，就好像鸟儿没有翅膀。

——莎士比亚

　　读书能增长自己的正知正见。

——星云大师

　　以上名言分别提及阅读作为一门技术的哪些方面？

知识导航

1. 如何选择书籍?

总的选择原则是:内容健康,充满正能量,有积极意义。

可以根据自己的年龄特点和理解程度,根据自己的阅读兴趣来选择书籍。要选择正版书、完整版的书,初中生尽量不读节选本、少儿版等。体裁选择应丰富多彩:小说、散文、诗歌、杂文、报告文学、人物传记……

具体看看以下的方法。

结合教材内容选择读物。学习了《珍珠鸟》,可以阅读《冯骥才散文选》;学习了《卖火柴的小女孩》,可以阅读《安徒生童话》……将课内学习与课外阅读有机结合,拓展知识领域。

根据好奇心选择读物。"神十四""神十五"成功发射,极大地激发了学生对天地宇宙、大自然的好奇心和求知欲望。可抓住时机阅读《十万个为什么》《少年百科全书》《五千年未解之谜》等科普类书籍。

根据兴趣爱好选择读物。如喜欢"脑筋急转弯、漫画"等类型的书,可以阅读《老夫子》《阿凡提的故事》等,感受书中妙趣横生的画面和人物的机智、勇敢,陶冶性情,提升审美情趣。

顺藤摸瓜选择读物。你正在读一本书,这本书中提到了另一本书,于是,顺着这本书提供的线索,去寻找相关的书。

"追星"选择读物。读了一个作家的书,发现他的书很对自己的胃口,可以找来这个作家的其他书来看。

同类搜索选择读物。在某一时期寻找同类的书来看。你喜欢养狗,就可以找来很多关于狗的书,比如《忠犬八公》《再见了,可鲁》《黑焰》等。

选择品牌图书。可以阅读知名出版品牌的系列图书,如"常青藤国际大奖小说""国际安徒生儿童文学奖""双桅船经典童书系列""彩乌鸦系列"等。

书单筛选选择读物。找阅读量比较大的三五份书单,勾画出推荐人数多的读物,再从这些优秀图书中,寻找适合自己阅读的。

工具书指路选择读物。有一类书是专门介绍童书的"工具书",根据检索的功能,选择优秀书籍。

书店淘书选择读物。经常到有影响力的书店,据其宣传推荐选择自己喜爱的书籍来阅读。

2.如何科学阅读？

古今中外，许多哲学家、科学家、文学家和其他学者专家都是很讲究读书方法的。不同的书有不同的读法，有些书思想博大精深，需要精读，反复揣摩，仔细体会。有些书相对较轻松，只要粗读浏览就可以了。只有掌握正确的读书方法和技巧，才能够提高读书效率，获得更多、更新、更有价值的知识。事实证明，凡是读书有成效的人，都是很讲究读书方法和技巧的。有人提倡"开卷有益"，其实，开卷有益必须以正确的读书方法为前提，只有讲究科学的读书方法，才能做到开卷有益。

以下是一些名人读书的方法：

孔子"学思结合法"："学而不思则罔，思而不学则殆。"

子思"五之法"："博学之、审问之、慎思之、明辨之、笃行之。"

韩愈"提要钩玄法"："记事者必提其要，纂言者必钩其玄。"

朱熹"三到法"："口到、眼到、心到。"

欧阳修"三上法"："马上、厕上、枕上。"

徐特立"古今中外法"："把古今结合，中外结合，变为我的。"

陶铸"细嚼慢咽法"："做学问的功夫，是细嚼慢咽的功夫。"

谢觉哉"挤钻法"："没有时间，挤；学不进去，钻。"

邓拓"积累法"："古今有学问的人，有成就的人，总是十分注意积累的。"

巴金"苦学法"："苦学能够战胜一切。学问的宫殿不分贫富都可以进去。"

赵树理"淘金法"："读书也像开矿一样，沙里淘金。"

华罗庚"厚薄法"："书由厚变薄是阅读能力提高的标志。"

冰心"创新法"："读书恨与古人同。"

李政道"杂七杂八法"："我是学物理的。不过，我不专看物理书，还喜欢看杂七杂八的书，多看一些头脑就比较活跃。"

陈善"出入法"："既能够钻进去，又能跳出来。"

3.与阅读搭配的学习方法

以学为先。学习是正事，理应先于娱乐，一心向学，气定神闲，心无旁骛，全力以赴，忘我学习。

随处学习。善用零碎时间，每天在晨跑中、吃饭时、课间、课前、休息等零碎时间里记忆词语，背诵公式，破解疑难，调整情绪。保证学习时间，学会见缝插针利用好空余时间，经过日积月累，效果很可观。

讲究条理。将重要的学习用品和资料用书用纸箱装好，分类存放，避免用时东翻西找。每天有"日计划"，每周有"周计划"，按计划有条不紊地做事。

合理安排。该做啥时就做啥，在适当的时候做合理的事情，不背道而驰。比如抓课堂效率，当堂听，当堂记，当堂理解，不理解的话课后或者当天找时间主动向老师请教，做到堂堂清。又如利用好时间，勉励自己完成当天的学习任务，做到日日清。比如能够劳逸结合，张弛有度，动静相宜。

善做笔记。尖子生往往一边听课一边记重点，不是事无巨细全盘记录，而是特别善于记下老师补充的东西、课本上没有的东西，对思维方法更是认真总结。他们还能及时整理笔记，对老师强调的重要知识点格外注意，特别注意让知识系统化，积极思考形成系统后能解决什么问题。

作业规范。认真审题，冷静应答，作业工整，步骤齐全，术语规范，表述严谨。作业规范不仅训练仔细、认真的品质，更能养成细心、用心的习惯，从而激发学习潜能。

勤于思考。这一条应贯穿听课、做作业、复习等各个阶段。比如：做完一道题后，应有一个反思的过程，要弄清这道题考的是什么，用了哪些方法，为什么用这样的方法，这样才能达到举一反三、触类旁通的效果。又如：学习时不仅要将课本中各知识点记住，还要通过思考，抓住各知识点之间的内在联系，甚至要注意到不同学科之间的渗透，以便形成清晰的知识网络。

学习互助。与同学开心地相处，遇事不斤斤计较，宽容豁达。珍视同学间的友谊，在学习中互相支持和帮助，经常一起讨论学习中的问题，使用不同的解题方法并相互交流心得。

自我调整。自我反思是进行自我调节的方式，自觉地放下思想包袱，化压力为动力。不管是课业繁重还是轻松顺利时，都保持一颗平常心，不断地对自己进行积极的心理暗示，在这样不断的积极心理暗示下，信心值就不断上升，从一点信心都没有逐渐到有了坚强的、不可动摇的信心。情绪千万不能浮躁，要用良好的方法从容应对。一旦在学习中遇到了挫折，心情变得非常急躁时，就暂时停止学习，一个人静静地思索，进行心态的调整。

故事导发

鲁迅读书的五种方法

鲁迅的一生不仅勤于读书，而且很讲究读书方法，他读书的方法主要有五种：

——**多翻法**。"书在手头，不管多忙，总要拿来翻一下，或者看一遍序目，或者读几页内容。"他认为这种多翻法有开阔视野、启迪思路，增长知识等好处。

——**跳读法**。读书遇到难点，应该经过钻研弄懂它。但遇到暂时无法弄懂的问题怎么办？鲁迅认为，要"跳过去，再向前进"，这样，"连以前的地方都明白了"。

——**设问法**。就是先大体了解一下书的结构和内容后，提出问题：是什么？为什么？怎么样？然后带着这些问题再去细读全书，边问边读逐渐深入。

——**"五到"法**。读书要心到、口到、眼到、手到、脑到。心到，是指精力全神贯注；口到，是指开口读书，读出声音来；眼到指仔细浏览，目光专注；手到，指边读边做笔记；脑到指读书要善于动脑筋、勤思考、多分析。

——**立体法**。就是既有一般的泛读，又有重点的"深掘"；既有横断面，又有纵剖面；既有对原著的钻研，又有辅助读物。这种读书方法有利于比较全面的知识结构的组成，因此，称之为立体读书法。

活动导学

在班上开展一次主题班会活动，进行学法指导。介绍一些优秀学生的学习好方法，每个同学写出对自己有效的三种学习好方法在班会上交流。

参考文献

［1］新东方网.课前有效预习常见方法.［EB/OL］.2017-12.

第 7 节　潇洒应对考试

——压力转化训练

考试是教育绕不开的一个话题。在各种考试中，学生的表现大致有这么几种情况：考前准备充分且超常发挥，考出了从未有过的好成绩；考前准备充分且发挥稳定，取得了自己理想的成绩；考前准备充分但临场发挥失常，成绩远逊于自己的平时成绩；考前准备不充分但超常发挥；考前准备不充分且正常发挥；考前准备不充分且发挥失常。同样是面对考试压力，为什么不同的人会出现截然不同的结果呢？本节将探讨在生涯教育中，如何潇洒应对考试，如何转换考试压力的话题。

问题导入

什么是考试焦虑？面对考试压力，怎样消除考试焦虑？怎么进行自我调节？

知识导航

1. 什么是考试焦虑？

考得好不好受到很多因素的影响，但对于很多学生来说，他们长期面临着一种压力问题——考试焦虑。

一个女生的自我描述：

> 考试前有半个月左右的时间，我担心自己考不好，心里非常着急。每天晚自习的时候看书效果很不好，在学校看书比在家效率更低。每次看到别人在认真看书，心里就更急了，可是不知为什么看一会书就会走神，不知道在想些什么，等自己注

意到的时候，面前的书已经半天没有翻过去了。晚上总是睡不好觉，经常夜里被惊醒。果然这次考试就没有考好，在班级排名十几位。现在，看书走神的现象更严重了，自己觉得不解决这个问题简直就没办法参加中考，这样下去很难考上理想高中。

这位女生描述的现象，就是典型的考试焦虑。

从心理学来看，考试焦虑是一种情境特异性的人格特质，表现为在面临考试或评价情境时，部分学生会表现出过度担忧、心理混乱、胡思乱想、记忆力下降、心率加快、紧张等不适症状。

研究表明，短时间内的过度考试焦虑也会影响学生的学业成绩，并且还会影响学生的睡眠质量和免疫功能等生理状态，导致很多学生出现考前情绪暴躁、易怒或者闷闷不乐等特征，不过往往会随着考试的结束而逐渐恢复正常。然而，长期过度的考试焦虑不仅会严重影响学生的学业成绩，还会影响学生的注意和记忆等认知能力，导致心境发生变化，使情绪障碍发生率增高，甚至可能引发攻击或自杀等极端行为。

学校和家庭应如何帮助学生缓解考试焦虑呢？

学校的角度：除了合理安排学生的学习时间和学业负担，学校也应当为学生创设一个合适的迎考心理环境。在平时的心理健康教育课程中，教师应当帮助学生学会鉴别和分析压力源，并且教会学生一系列有关减压的方法，例如紧张—放松训练、渐进式放松训练等。

家庭的角度：家长需要为孩子营造一个轻松备考的心理环境，不要整天唠叨"考不好就没有前途"这种刺激性语言，也不要说"考不好也没关系"这种违心的话，这些语言反而有可能会增强孩子的考试焦虑。

2. 怎样进行自我调节？

缓解考试焦虑，学校和家庭固然重要，学生自我调节才是主渠道，教师要指导初中生进行自我心理调节。

（1）宣泄法

可以采用倾诉、记笔记、听音乐等借助外力的方法来宣泄。倾诉是一种非常有效的缓解压力的方法，学生可以将自己的担心、忧虑、苦恼告诉自己的父母、教师或同伴，以寻求他们的帮助和支持。同样，记笔记也是一种类似的方法，也可以达到缓解压力的效果。很多学生喜欢听音乐，只要找到自己喜欢听的音乐并用心体会，也是一种很好的减压方法。此外，在学习疲劳的时候，可以做一些自己喜欢做的事情，例如弹琴、临帖、画画等，有助于平和情绪，达到放松的状态，起到调节情绪和减轻压力的作用。

（2）回忆法

回忆以往的快乐经历，可以增加人们对积极情绪的感受，暂时从压力事件中抽离出来，从而达到缓解紧张情绪的目的，并且使得人们能够将注意力更好地聚焦于目标本身。因此，在学校，可以跟同学们一起聊一聊以往的愉快经历；在家里，可以跟父母一起回忆以往的快乐时光。

（3）运动法

大量研究表明，运动可以增加大脑的血流量，加大氧气和养分的供应，短时间内就可以提升大脑的工作效率和注意、记忆等认知能力。此外，运动还可以降低边缘系统和 HPA 轴（下丘脑—垂体—肾上腺轴）的激活，促进脑内多巴胺和 β - 内啡肽的分泌，从而起到缓解压力、调节情绪的作用。对于每个人而言，运动是一种最为便捷又十分有效的减压方法。

（4）联想法

紧张时，想自己曾经做过成功的事，回想成功时的心理体验，这样会感到非常满足，从而消除紧张。

（5）深呼吸法

考前找一个比较安静的地方，站立，眼微闭，全身放松，深呼吸，同时默念"1——2——3"，心想：放松，放松。这样可以使血液循环减慢，心神安定下来，全身有一种轻松感。

（6）自我暗示法

"我一定能成功，一定能发挥超常，考出好成绩。""我考不好，别人也不怎么样。""我已做好充分准备，不会考坏的。""紧张是胆小鬼的行为。""我考试紧张，任何人考试都紧张。"这样暗示自己，会降低压力，保持平常心。

（7）闭目养神法

闭目，舌抵上腭，经鼻吸气，安定神情。可以设想一个人走在幽静的森林里，怡然自得。

（8）进食法

适当吃一点巧克力等甜食，促进脑内多巴胺和 β - 内啡肽的分泌，对于稳定情绪、缓解压力，是一种行之有效的方法，但要注意节制。

故事导发

初三学生紧张心理调适的几点尝试

初三学生即将面临竞争激烈的中考，面对人生的一次重要选择，学习任务重、压力大，容易出现紧张、焦虑等心理问题。班主任在工作中要随时发现，及时进行有针对性的心理调适。

怎样调适呢？笔者在实践中进行了一些尝试，取得了较好的效果。

1. 个别谈话，树立信心

部分学生由于学习基础不好，对自己缺乏信心，老是担心自己考不好，担心升不了好的高中，出现晚上失眠、上课不能集中注意力等紧张现象。发现有这类问题的学生，我采取个别谈话的方法。我跟学生一道客观分析出现紧张心理的原因，引导学生不要与别人横向比较，特别是不要与尖子生比较——如果这样比，会越比越没信心；要多跟自己纵向比较，看看自己与从前有了哪些进步，看到自己的优势，看到希望。我还与学生一道科学合理地制定学习目标，目标不能太高，要"跳一跳，够得着"，即通过努力能够达到。学生通过一段时间的努力，实现了目标，就会获得成功体验，产生成就感，紧张心理就会随之消失。我班的一名学生，由于自尊心强，对自身的要求高，一段时间来学习压力大，心理紧张，紧张到寝食不安的地步，家长很着急。我找他单独谈话，分析寝食不安的原因，分析他学习的进步发展，分析他学习上的优势与潜力，帮他树立自信心。经过几次谈话后，情况有了明显好转，饭吃得香了，觉睡得好了，学习成绩上升了，收到了预期的效果。

2. 举行活动，调节身心

初三学习繁忙，班主任容易忽视学生的课外活动。其实，在忙碌的学习之中，间插一些有益的活动，有利于消除学生的身心疲乏，消除紧张状态，起到很好的调节作用，提高学习效率。课前唱一首歌，课间放几曲轻音乐可以活跃气氛。利用体育课，组织学生跳绳，打乒乓球、羽毛球、篮球等，都是调节身心的好方法。利用班会课猜谜语，做"脑筋急转弯"，做"笑话大比拼"等活动，能营造一种轻松的学习氛围，调适效果好。

3. 自我调适，寻找舒心

班主任进行的心理调适只能部分解决学生的问题，学生的自我调适才是消除紧张心理的根本办法。因此，我带每届毕业班时都要教会学生自我调适的方法，让学生在自我调适中体验舒畅的心情。

一是进行自我激励。指导学生树立一颗平常心，心态要平稳，不要慌乱，多进行自我鼓励。在书桌上写一些小纸条激励自己，如"我自信，我成功""做最好的自己""踏踏实实学习，不急不躁"等，时刻提醒自己。

二是制订合理的学习计划。有了合理的学习计划，科学合理地安排时间，就能做到忙而不乱，高效率地完成学习任务，心情轻松愉快。

三是遇到烦恼一吐为快。假如你正为某事所困扰，千万不要闷在心里，把苦恼讲给你信任的人听，及时宣泄不良情绪。

四是放慢学习节奏。当学习局面一团糟无法控制时，不妨放慢节奏，把部分不急于做的事情暂时搁一搁。

五是寻找学习兴奋点。静下心来，好好想一想："我的目标是什么？我目前的优势有哪些？我面临的困难是什么？我能依靠的力量有哪些？"

六是劳逸结合，保证睡眠。睡眠是最轻松的调养方式，可以很好地消除身心疲劳。充足的睡眠可以使人精力充沛，思维敏捷，办事效率提高，保证人的心理健康。

七是轻装上阵，沉着应考。考试紧张是学生常见的心理，学生把考试看得太重往往会增加心理压力。告诉学生考试时一定不要去想考试结果，只集中精力把试题答好。遇到心里紧张时，可以暂时停下笔，做几次深呼吸，也可以看一看窗外的景物，紧张心情就会随之消失。

4. 家长配合，形成同心

初三学生的心理压力有相当一部分是家长引起的，期望过高、经常唠叨都会引起学生的学习焦虑。当学生出现不良心理情绪时及时与家长联系，使家校在教育和要求上取得一致，要求家长要根据孩子的实际情况提出学习目标，形成同心，形成合力，关心照顾应与平时保持一致。另外，家长要少唠叨，尽量给孩子营造一个宽松的学习、生活环境。

（重庆市实验中学校全善校区　易家志）

活动导学

请你学一学，练一练：

冥想法是一种效果很好的自我心理调节方法。冥想的意思就是闭目冥思，通常的方法就是调整自己的坐姿，让身体舒适，然后慢慢闭上眼睛，想象一种场景，比如在海滩沐浴阳光，你还可以想象一种静止的场景，场景中所有的物体都是静止的，你可以改变观察的角度来看这个场景的不同的物体；另一种就是活动的场景，你可以在想象的场景里散步，或者做其他的事情。长期坚持冥想可以缓解压力，放松身心。

生涯探索篇

生殖科素篇

第1节　了解学科与专业

知识导航

1. 学科与专业的关联

中学阶段各学科与大学各专业存在联系。

物理：理论与应用力学、海洋科学类、电子科学类、地球物理学、热能与动力工程、应用物理学、材料科学类、工程力学、机械类、信息与电子科学类、测控技术与仪器、核工程与核技术学、航天航空类、武器类。

化学：核工程类、材料类（材料科学与工程等）、生物科学类、化工与制药类、应用化学、地质学类、林业工程类、食品科学与工程类、医学技术类、公共卫生与预防医学类。

生物：生物工程类、生物科学、生物技术、环境科学类（生态学等）、医学类（基础医学、预防医学等）、森林资源类、草业科学类、植物生产类（农学、园艺等）、环境生态类、动物生产类、动物医学类、水产类。

政治：马克思主义理论类、哲学类（逻辑学、宗教学、伦理学等）、经济学类（金融学、税务等）、政治学类、历史学类、工商管理类、公共管理类、教育学类、法学类（法学、知识产权、监狱学等）、社会学类（社会工作、家政学等）。

历史：考古学、民族学、历史学、中国共产党历史、马克思主义、政治学科、地理学科、汉语言文学、文物保护技术、世界历史。

地理：气象类、城市规划类、旅游类、地图测绘类、卫星遥感、GIS、水利水电类、酒店管理类、资源管理类、地质勘探类、地理教育类。

升入高中后，在选择要对哪些学科进行学习时，有 4 个基本原则：

——**择己所长**：在选择考试科目时，只有充分了解自己的学科能力和发展潜能，选择自己擅长的科目和领域，扬长避短，才能充分发挥自我优势。

——择己所爱：在选择考试科目的时候，另一个重要的依据是自己兴趣爱好，只有选出一个自己热爱，又利于发挥的组合，才会全身心地投入，才能达到优化组合目的。

——择己所适：在选择考试科目时，只有充分了解自己的人格特质和性格偏好，选择符合自己个性特征的领域，才有利于未来长远的发展。

——择势所需：在选择考试科目时，还要充分考虑外部环境。社会对于不同人才的需求是一直在变化的，选科也要结合外部环境和职业的未来发展前景。职业只有为社会所需，才会有长久的发展保障。

2. 学科选择与高考的关联

新高考的"3+2+1"模式将物理、历史作为必选科目，学生必须至少选择其中一门报考，这等于给偏文、偏理的考生一个选择的自由，而且这两门科目的分值也是120。这样的组合共有12组（表3-1-1）。所以同时为这12种组合进行针对性授课也是不可能的，那么初中生在升入高一并进行选科的时候，其选择就很重要了。

表 3-1-1　12 种选科组合

2 选 1	物理	历史
4 选 2	化学、生物、地理、政治	
共 12 种组合	物理 + 化学 + 生物	历史 + 地理 + 政治
	物理 + 化学 + 地理	历史 + 地理 + 化学
	物理 + 化学 + 政治	历史 + 地理 + 生物
	物理 + 生物 + 地理	历史 + 政治 + 化学
	物理 + 生物 + 政治	历史 + 政治 + 生物
	物理 + 地理 + 政治	历史 + 化学 + 生物

高中的选科会直接影响到能否填报部分大学专业。教育部2020年初制定了《普通高校本科招生专业选考科目要求指引（试行）》（以下简称《指引》）。在《指引》中，共有19个专业类必考物理，占总专业类数的20.4%。必考物理的19个专业类分别来自理学（5个）、工学（13个）、管理学（1个），详见表3-1-2。

表 3-1-2　要求考试物理的专业

学科门类	本科专业类	内设专业
理学	数学类	数学与应用数学、信息与计算科学、数理基础科学
	物理学类	物理学、应用物理学、核物理、声学
	天文学类	天文学
	大气科学类	大气科学、应用气象学
	地球物理学类	地球物理学、空间科学与技术
工学	力学类	理论与应用力学、工程力学
	机械类	机械工程、机械设计制造及其自动化、材料成型及控制工程、机械电子工程、工业设计、过程装备与控制工程、车辆工程、汽车服务工程、机械工艺技术、微机电系统工程、机电技术教育、汽车维修工程教育
	仪器类	测控技术与仪器
	电气类	电气工程及其自动化、智能电网信息工程、光源与照明、电气工程与智能控制、电机电气智能化、电缆工程
	电子信息类	电子信息工程、电子科学与技术、通信工程、微电子科学与工程、光电信息科学与工程、信息工程、广播电视工程、水声工程、电子封装技术、集成电路设计与集成系统、医学信息工程、电磁场与无线技术、电波传播与天线、电子信息科学与技术、电信工程及管理、应用电子技术教育
	自动化类	自动化、轨道交通信号与控制、机器人工程、邮政工程
	计算机类	计算机科学与技术、软件工程、网络工程、信息安全、物联网工程、数字媒体技术、智能科学与技术、空间信息与数字技术、电子与计算机工程、数据科学与大数据技术、网络空间安全、新媒体技术、电影制作
	土木类	土木工程、建筑环境与能源应用工程、给排水科学与工程、建筑电气与智能化、城市地下空间工程、道路桥梁与渡河工程、铁道工程
	海洋工程类	船舶与海洋工程、海洋工程与技术、海洋资源开发技术
	航空航天类	航空航天工程、飞行器设计与工程、飞行器制造工程、飞行器动力工程、飞行器环境与生命保障工程、飞行器质量与可靠性、飞行器适航技术、飞行器控制与信息工程、无人驾驶航空器系统工程
	兵器类	武器系统与工程、武器发射工程、探测制导与控制技术、弹药工程与爆炸技术、特种能源技术与工程、装甲车辆工程、信息对抗技术
	核工程类	核工程与核技术、辐射防护与核安全、工程物理、核化工与核燃料工程
	安全科学与工程类	安全工程
管理学	管理科学与工程类	管理科学、信息管理与信息系统、工程管理、房地产开发与管理、工程造价、保密管理、邮政管理

这 19 个专业还只是《指引》划定的一条底线，各高校在制定选考科目要求时，或将有更多的专业类被限定为必考物理，尤其是高水平大学和高水平专业。

在《指引》的 93 个专业类的选考要求中，提及最多的科目是物理，共被 60 个专业类提及（不含允许无要求的专业类），占专业类总数的 64.5%；其次是化学，被 58 个专业类提及，占 62.4%；再次是生物，被 29 个专业类提及，占 31.2%。至于政、史、地 3 科，只被 3~5 个专业类提及。

以此类推，6 门科目对 93 个专业类的覆盖率如图 3-1-1 所示。

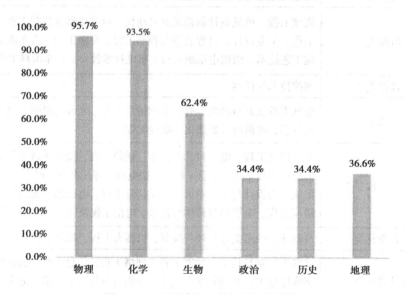

图 3-1-1　6 门学科对 93 个专业类的覆盖率

从上图可知，物理和化学的覆盖率均超过了 90%，生物覆盖了 58 个专业类（62.4%）。综合各科目来看，有表 3-1-3。

表 3-1-3　科目组合与专业选择对应表

所选科目	可报专业比例	不可报专业	必选
物理、化学、地理	99.40%	临床医学、动物医学类、医学影像学、食品科学与工程、统计学等	生物
物理、生物、政治	99.00%	材料科学与工程、地质类临床医学类、化工与制药类、中医学等	化学
物理、生物、地理	99.00%	材料科学与工程、地质类临床医学类、化工与制药类、中医学等	化学
物理、政治、地理	99.00%	材料科学与工程、地质类临床医学类、化工与制药类、中医学等	化学
物理、化学、政治	98.90%	测绘类、城乡规划、自然地理与资源环境等	地理

续表

所选科目	可报专业比例	不可报专业	必选
物理、化学、生物	97.40%	测绘类、城乡规划、自然地理与资源环境等	地理
历史、化学、生物	88.70%	法学类、新闻学、马克思主义理论、经济犯罪侦查、社会学类等	政治
历史、化学、政治	88.60%	测绘工程、旅游管理、城乡规划等	地理
历史、化学、地理	88.60%	法学类、新闻学、马克思主义理论、经济犯罪侦查、社会学类等	政治
历史、生物、地理	77.80%	法学类、新闻学、马克思主义理论、经济犯罪侦查、社会学类等	政治
历史、生物、政治	75.30%	测绘工程、旅游管理、城乡规划等	地理
历史、政治、地理	52.90%	材料科学与工程、地质类临床医学类、化工与制药类、中医学等	化学

由上表可知，物理＋化学＋地理的选科模式可以填报最多专业，但政治＋历史＋地理的选科组合在选择专业上则较受限制。

特别值得注意的是，《指引》只具有参考性和选择性；具体的选科要求，一定要以所在省份的官方机构以及选报的大学公布的选考科目为准。

故事导发

选名校 VS 选专业

小卓做完适当调整后，就开始为填报志愿而考虑了。目前，一家人认为他上重点本科是没问题的，但小卓通过上网查阅发现，自己理想中的北京某高校近两年的录取分数都非常高，他担心自己的成绩可能刚刚能被该校录取，但录不到好专业。但小卓如果选择另一所高校的话，就能选择自己喜欢的专业。

到底是选名校，还是选自己喜欢的专业呢？其实，一定要报名校也成为不少学生，特别是分数较高学生的通病。

报名校没有错，但是如果为了上名校而走上极端，放弃自己喜欢和擅长的专业，屈就于自己不喜欢、不擅长的专业，就有些得不偿失了。许多学生因为就读了自己不喜欢的专业而后悔不已。

招生办负责人建议考生，如果一定要上名校，但又去不了自己喜欢的专业，最好就选择那些和自己喜欢专业相近或相关的专业，这样，日后可以通过转专业读研究生等途径改变专业。

第 2 节　了解职业

问题导入

西方有句谚语说："如果你不知道你要到哪里去，那通常你哪里也去不到了。"你明白这句话的含义吗？在初中到高中这个特别时期，是我们职业准备重要时期，它不等同于考试准备，它是一个全方位的准备，是关于人生的初步规划，这涉及对升学后高中内容的必要了解。

初中生生涯定向、生涯发展探索最核心的内容是全面探索职业生涯发展特点，了解职业兴趣、职业个性、职业能力，了解自己的决策风格。

这是需要了解职业的基本概念及其类型的。

知识导航

1.什么是职业及其分类

职业是人们在社会中所从事的作为谋生手段的工作。从社会角度看，职业是劳动者获得的社会角色，劳动者以此为社会承担一定的义务和责任，并获得相应的报酬；从国民经济活动所需要的人力资源角度来看，职业是指不同性质、不同内容、不同形式、不同操作的专门的劳动岗位。

职业的分类标准一般有三种。

第一种：按体力劳动和脑力劳动的性质，分为白领工作人员和蓝领工作人员。白领工作人员包括专业性和技术性工作人员、行政管理人员等；蓝领工作人员包括手工艺的工人、服务性行业工人。

　　第二种：按心理的个体差异进行分类。即霍兰德职业兴趣测试所分实际型、研究型、艺术型、社会型、企业型和常规型人格 - 对应的 6 种职业类型。

　　第三种：依据各个职业的主要职责或从事的工作分类。如国际标准职业分类，将职业从粗到细分为 8 大类，83 个小类，284 个细类，1 506 个职业项目，共 1 881 个职业。又如加拿大《职业岗位分类词典》将职业分为 23 个主类，7 200 多个职业，并逐一说明各种职业的内容及对从业人员在普通教育程度、职业培训、能力倾向、兴趣、性格以及体质等方面的要求。

　　我国职业分类，根据我国不同部门公布的标准，主要有两种类型。

　　根据《职业分类与代码》标准，我国职业分为大、中、小 3 类，即 8 大类、64 中类、301 小类。

　　我国的《国民经济行业分类》标准将我国经济行业分为门类、大类、中类、小类 4 级。

　　一般来说，生活中多将职业分为传统职业、新兴职业、热门职业、冷门职业 4 种种类。

　　传统职业，是指在职业范畴内已经存在很多年，相对比较稳定的职业，如医生、教师、厨师、农民等。

　　新兴职业，指出现比较晚，为适应社会新的要求而出现的职业，如网络工程师、软件工程师、动画设计师、会展设计师。

　　热门职业，指当下得到人们认可，待遇和社会地位相对比较高的，如财会人员、动画设计师。

　　冷门职业，指不被追捧，不符合人们期望，人们认识不足导致社会认可度低的职业，如裁缝、考古人员、地质勘探员。

　　我国的职业集群与职业如图 3-2-1 所示。

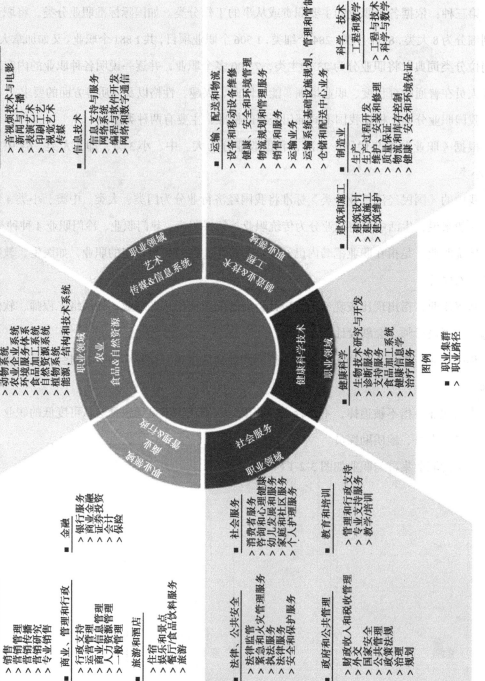

■ 艺术、A/V技术和传媒
> 音视频技术与电影
> 新闻与广播
> 表演艺术
> 印刷工艺
> 视觉艺术
> 传媒

■ 信息技术
> 信息支持与服务
> 网络系统
> 编程与软件开发
> 网络和数字通信

■ 运输、配送和物流
> 设备和移动设备维修
> 健康、安全和环境管理
> 物流规划和管理服务
> 销售业务
> 运输业务
> 运输系统基础设施规划、管理和管制
> 仓储和配送中心业务

■ 建筑和施工
> 建筑设计
> 建筑施工
> 建筑维护

■ 制造业
> 生产
> 生产过程开发
> 维护、安装和修理
> 质量保证
> 物流和库存控制
> 健康、安全和环境保证

■ 科学、技术
> 工程与技术
> 科学与数学

■ 农业、食品和自然资源
> 动物系统
> 农业企业系统
> 环境服务体系
> 食品加工系统
> 自然资源系统
> 植物系统
> 能源、结构和科技系统

■ 金融
> 银行服务
> 商业金融
> 证券投资
> 会计
> 保险

■ 社会服务
> 消费者服务
> 咨询和心理健康服务
> 幼儿发展和社区服务
> 家庭和保护服务
> 个人护理服务

■ 教育和培训
> 管理和行政支持
> 专业支持服务
> 教学/培训

■ 市场、销售和服务
> 销售
> 营销管理
> 营销传播
> 营销研究
> 专业销售

■ 商业、管理和行政
> 行政支持
> 运营管理
> 商业信息管理
> 人力资源管理
> 一般管理

■ 旅游和酒店
> 住宿
> 娱乐和景点
> 餐厅和食品饮料服务
> 旅游

■ 法律、公共安全
> 法律监管
> 紧急和火灾管理服务
> 执法服务
> 法律服务
> 安全和保护服务

■ 政府和公共管理
> 财政收入和税收管理
> 外交
> 国家安全
> 公共管理
> 政策法规
> 治理
> 规划

■ 健康科学
> 生物技术研究与开发
> 诊断服务
> 支持服务
> 食品加工科学
> 健康信息学
> 治疗服务

（中心圆）
职业领域
艺术、传媒&信息系统
建筑&工程
科学技术
食品&自然资源
农业
健康&信息技术
社会服务
职业领域

图例
■ 职业集群
> 职业路径

图 3-2-1 职业集群与职业

2. 探索职业的方法

（1）查阅法

一是通过互联网、书籍、杂志、相关视频资料、专业生涯规划教育平台等，对自己感兴趣的职业方向进行初步查询。二是搜索各种典型的职业，结合从事职业的学历、资格、身体条件、证书等条件来了解。三是通过查阅，对自身理想职业工作所需的知识、技能、生理条件及个性特征等要求有初步的认识。查阅法的好处是方便、信息量大、成本低，不足之处是得到的信息是间接的、隔离的，也许与现实有差距。

（2）访谈法

利用身边职业资源，讨论感兴趣的职业问题，例如访谈父母、老师、其他亲戚，从过程中了解到更多职业现象和职业环境，以及目标职业所需具备的职业技能、证书等。

（3）体验法

体验法是学生在短时间内通过实践体验活动，参观职业工作现场，了解职业工作性质、内容、环境、氛围等等。目前，职业探索中的体验法主要分为两种形式，即校内游园会体验活动和校外职业体验营，两者体验形式和流程略有差异。

校内游园会体验活动通过 51 选校学生事先使用相关的生涯规划教育平台测评工具，结合测评结果和现场工具使用说明，逐步探索自身感兴趣的专业和职业，从而选择某一领域，进入面试体验。

校外职业体验营不同点在于学生根据测评结果选择职业体验方向相关的企业和课程，组织学生深入企业观摩职业现场、职业工作环境、内容、制度等，结合 51 选校特色体验课程，为学生树立正确职业价值观，为学生选科、志愿填报确立奠定基础。

3 种职业探索方法能够帮助学生综合个人特点、职业特性、环境要求，增强学生对自我、职业、环境的认识和理解，确立未来职业发展的目标，促进个人职业发展，实现自我完善和自我价值。

故事导发

做雨中舞蹈的蝴蝶

3 岁那年，她的父母离婚了。家庭的贫困，一家人备受歧视。母亲带着她过着四处漂泊的生活，她们因无法支付租金而寄宿在朋友家的地板上。即使是这样，她却从未掉过眼泪。

因为母亲曾是一名歌剧演唱家，小小年纪的她受母亲影响，4岁时，就迷恋上了音乐，常常跟在母亲身后学唱歌。上学后的她，学习成绩并不优秀。一次测试，她的数学得了6分，老师当着全班同学的面责备了她，但她却理直气壮地站起来，说："数学对于我没用，以后我要当歌星。"此语一出，立刻遭到了同学们的嘲笑，在同学的嘲笑声中，她紧紧地握紧了拳头。

13岁起，她开始了音乐创作，14岁，她找到了几个录音棚，担任他们的后备试音歌手。高中毕业，她不顾家人的反对，带着稚嫩的梦想，到了纽约。

刚到纽约时，她只能在酒吧里做招待，与人合租狭小的房子，自己常常在客厅地板上铺一张床垫过夜。她每周常常只能靠一包干酪通心粉艰难度日，在拮据的几个月，她甚至只能靠附近熟食店老板施舍的硬面包和冰水填饱肚子。

然而她没屈服，在昏暗的灯光下，她不停地写歌，写到手发麻，累得趴在桌上睡着了。她热切地盼望着有一份合约，出一张唱片。然而她跑遍了纽约街头所有的唱片公司，都被拒绝在门外。

18岁时，她终于在一家热门的俱乐部获得了登台表演的机会，她完美的嗓音和创作才华渐渐为人注意，哥伦比亚唱片公司以35万美元的合约成功将她揽入旗下。35万美元，对于她是一个天价，那一刻，她热泪盈眶。

她很快在公司崭露头角，为公司演唱创下排行榜的十大热门歌曲。她的歌曲也越来越成熟，而形象也变得自信，她频频出现在各大杂志的封面。这些杂志认为她在音乐和形象上的转变带动了整个乐坛的潮流，一如蝴蝶效应。20岁，她就获得了格莱美音乐大奖最佳女歌手奖，此后的10年间，她在世界音乐大奖、全美音乐奖、灵魂列车音乐奖、美国作曲家协会奖、欧洲音乐白金奖等大奖上收获颇丰。

然而，就在她的事业蒸蒸日上的时候，不愉快的事情发生了。30岁时，她与哥伦比亚唱片公司分道扬镳，只得寻找新的公司。但不幸的是，两年后，新公司也决定终止她的合约。原因是他们认为她失恋后，精神上出现了问题。

那时的她备受争议，然而在低谷中的她没有放弃音乐，她坚信，是蝴蝶，就不怕翅膀上的雨水。

一年后，她与环球唱片公司旗下的Island唱片签下合约。在新公司，她很受赏识，两年后，她凭借新专辑重新回归到乐坛的巅峰。这张专辑的销售量位居当年全球销量第二位，是美国国内冠军。此后她的歌曲一直在各大音乐榜单上排名第一，她的歌曲受到全世界乐迷的喜爱，她因此被称为流行乐坛天后。

蝴蝶有一个特点，它的翅膀上布满了鳞片，鳞片中含有大量的脂肪，仿佛给蝴蝶穿上了一件防水雨衣。她一直相信自己是一只美丽的蝴蝶，雨再大都不会打湿为梦想而飞的翅膀。终于，她成功了，迎来了自己绚丽的春天，她就是玛丽亚·凯莉。

活动导学

1. 制订你的学业计划

通过前面的学习，我们已经基本能够了解自己将要投身的职业领域或职业方向，如何实现自己的职业目标呢？需要从知识、技能和综合素质上做准备。对于初中生来说，现在的教育能够开阔我们的眼界，能给我们的职业生涯提供更多的机会。然而，不同的工作对知识的要求程度不同，这就需要我们在职业探索的过程中进一步了解自己喜欢的工作在知识上的要求，然后根据这个要求有目的地做准备。请根据自己的职业目标，制订一项适合自己的计划（包括但不限于以下选题）。

（1）自己的职业理想

（2）自己的学业目标

（3）学业计划

（4）社会实践计划

（5）课外活动计划

（6）志愿者工作计划

（7）自学高中、大学课程计划

（8）课外书阅读计划

（9）交际能力培养计划

（10）体育锻炼计划

（11）论文写作计划

（12）外出旅游计划

（13）外语学习计划

（14）兴趣爱好培养计划

2. 进行职业体验，锻炼职业竞争力

职业体验是职业探索的最后一步，只有通过真正的体验，你才能知道自己真的喜欢什么。可以采用到企业实习或其他方式进行职业体验。体验前最好与身边的亲朋好友商量，以及请教老师、相关专家等，这样有利于规划的落实。

生涯指导篇

第 1 节　学会生涯决策

"人在走路时，转弯很关键"，人生道路的转弯亦是如此。人生的转弯处通常是我们人生的重要转折处，需要我们细细斟酌，谨慎作出决策。决策在狭义上主要指决策者根据标准从几种备选的方案中作出最终抉择，这种标准可以是最佳的、心仪的、合适的。生涯决策是指个体根据自身特点，并结合外在环境的现状和发展趋势，通过慎重的思索和分析后做出的生涯发展方向的决定。在我们的生涯之旅中，需要我们做好决策，引领好方向，才能带领我们的"生涯之舟"前往我们最想达到的彼岸。

问题导入

处于初中阶段的学生，对未来充满了憧憬与迷茫，当他们面对人生的种种选择时，常常感到不知所措，无法做出决策，常常会有这些 "如何做决策" "做决策应该考虑哪些因素" 这样的问题。生涯决策是关于个人生涯发展方向的抉择，对我们的人生走向具有重大的影响意义，充分的了解决策环节、决策影响因素和决策工具才能帮助我们更好地做出决策。

知识导航

1. 生涯决策特点

（1）目的性

生涯决策是根据一定的目的而作出的，所以目的性是生涯决策的特点之一。一方面目的是否明确与清晰会影响我们的决策，没有明确的目的，决策将是盲目的；具有清晰、具体的目的，决策时将事半功倍。另一方面针对不同的目的我们会采取不同的决策方案。在相同的条件下，我们根据不同的目的作出的决策，决策的实施方案也是大不相同的。因此，决策的目的具有举重若轻的作用，我们在确定决策的目的时需要慎重，同时也需要遵从自己内心的声音，才能去往自己最想抵达的港口。

（2）选择性

生涯决策因"选择"而生，没有选择就没有决策，因此我们在决策时应该有多个备选方案。在拟订备选方案时，我们以决策目的为导向，通过内外部生涯探索，结合自身资源和条件，多角度进行思考，从而提出确实可行的多种备选方案。生涯决策其实就是一个明确未来人生方向的过程，因此至少要有两个及以上的备选方案，我们才能从中进行比较和选择，最终确定最佳方案。

（3）满意性

职业生涯决策的选择依据是决策者的满意性，通过对各个备选方案进行分析比较，了解每个方案的优缺点、可行性与不同方案带来的结果等，从中选择出最为满意的方案。我们需要注意的是，世界上不存在完美的抉择，无论准备多么充分，考虑多么周全，但是外部环境在不断改变，我们的能力存在局限性，因此我们要学会接纳自己已经做出的决策，学会处理决策实施过程中的各种问题。

（4）过程性

生涯决策是一个复杂的认知过程，决策者需要结合自己的兴趣、性格、能力等内部条件和家庭、学校与社会等外部环境信息，通过分析、比较各个选择方案的发展前景，最后确定生涯发展方向的过程。生涯决策是系列决策的综合，包括短期、中期、长期的决策，贯穿了我们整个的生涯发展过程。所以生涯决策不仅是一个选择，而且是一个过程。

（5）动态性

生涯决策是一个动态的过程，包括前期准备、抉择、行动等阶段，在每个阶段都有各种不确定性，这种不确定性意味着我们在生涯决策的过程中要随着变化而变化。决策的动态性就体现在这里，决策者需要面对决策实施过程中出现的各种问题和状况，通过分析当前的形式，灵活制定相应的对策。

2. 生涯决策风格

决策风格主要是指决策者在长期的决策过程中形成的决策偏好，不同的决策风格对决策结果有重大影响。著名学者丁克赖吉（Dinklage）认为决策风格是决策者在后天的学习过程中不断习得的，他认为决策风格主要包含以下 8 种。

（1）延迟型

延迟型的人与冲动型的正好相反，他们面对决策时前期迟迟不做反应，往往将决策推到最后一刻才做出决定。延迟型的人经常挂在嘴边的一句话就是"过两天再说"，这种类型的好处就是能够将做决策的时间延长，有充足的思考的时间。

（2）宿命型

宿命型的人不愿自己做决策，而是将做决定的权力交给他人或者命运，他们认为一切都是命中注定的，无论做什么选择结果都是一样的，都是命运安排好了的。宿命型的人会将一切都归结于命运，常常念到"一切都是命中注定的，时也、运也、命也"，这种类型的好处就是避免自己担责任，减少内心冲突。

（3）顺从型

顺从型的人想自己做决策，但是往往无法坚持自己的想法，会屈服于权威者或大多数人的决定，总是寻求他人的指导和建议，以他人赞许作为做决定的标准，对自己决定的能力和结果缺乏信心。顺从型的人在面对决策时的行为特征是"既然你们都是这么想的，那我也表示同意"。这种类型的好处就是减少彼此之间的冲突，达到暂时的和谐。

（4）麻痹型

麻痹型的人害怕承担做决定后的结果，常通过麻痹自己来达到逃避做决定的目的。麻痹型的决策者在面对做决定时，往往以"我不知道怎么做"为推辞来逃避做决定，这种类型的好处就是可以暂时逃避做决定，避免承担责任。

（5）直觉型

直觉型的人崇尚直觉和感觉，较少收集相关信息，做决定快速且冲动，常常根据感觉作决定，大多数情况下只考虑自己想要的，不在乎外在的因素。直觉型的决策者往往以"我感觉是这样的，就这么办"来面对决策。这种类型的好处就是简单直接，省时省力。

（6）冲动型

冲动型的人不愿意花费多余的时间和精力来思考，在面对需要作出决策时，会立即选择第一个遇到的选择方案。冲动型的决策者在面对决策时，往往以"先这么做，其他的以后再说"来应对。这种类型的好处就是节省时间，不需要额外花费时间去收集其他选择方案的资料。

（7）犹豫型

犹豫型的人考虑过多，面临决策时常常在诸多选择中无法下决定，从而处在痛苦的挣扎中。这种类型的人在面对决策时总是犹犹豫豫的，生怕自己选择错误，内心涌动各种冲突和矛盾，比如"万一选错了怎么办，我不能轻易选择""到底应该选哪个，才是最佳选项"。犹豫型的好处就是能够尽可能地收集各个选择的信息。

（8）计划型

计划型的人作决定时能够倾听自己内在的声音，也能考虑外在的环境要求，从而做出适当的决策。计划型的决策者崇尚逻辑分析，往往会收集充足的内在和外在信息后，经过权衡利弊后才做出最满意的决定。计划型的好处就是能够积极主动应对决策，在掌握足够多的信息之后才做出恰当的决策。

3. 生涯决策的影响因素

人的生涯就像一场航海之旅，生涯决策就是带领我们穿过未知海域，驶向目的地的指南针，对于我们能否始终航行在正确的道路具有重大影响作用。随着我们的不断成长，身边的环境也在不断发生改变，有很多因素都会影响我们做出决策，主要包括以下几种：

（1）个性心理因素

决策者的个人心理是生涯决策中的重要影响因素，心理学上的个性（也称为人格）主要指个体在生活实践中经常表现出来的、比较稳定的、带有一定倾向性的心理特征的总和。个性心理由两方面组成：一是个性心理倾向性，个性倾向性是决定个体态度和行为的动力系统，包括需要、动机、兴趣、价值观、理想、信念等，它是人的行为的潜在动力，是人的积极性的不尽源泉。二是个性心理特征，是个体在心理和行为中经常变现出来的稳定的心理特性，包括气质、性格、能力，它比较稳定地反映了个体的特色风貌。个性心理特征中的能力包括特殊能力和一般能力，特殊能力是一般能力的独特发展，比如数学计算、音乐绘画、形象思维、空间想象等特殊能力，是你成功进入某一生涯领域的助推力。

（2）环境因素

在生涯决策过程中，我们也会受到环境与重要事件的影响，环境包括社会环境、家庭环境、学校环境等。社会环境泛指社会上的一切事物，包括社会舆论、社会价值观、社会规范等，随着社会环境不断改变，给予我们的信息也在发生改变，从而不断影响我们选择未来的发展方向。家庭环境包括家人影响、家庭资源、家族期望等，家庭环境是我们最重要的环境之一，家人的喜好、价值观、生涯态度对我们生涯选择具有重要的影响作用。学校环境包括学校教育、教师引导、同伴影响等。教师、朋友和同龄群体对学生的影响巨大，他们的生涯价值观、生涯态度、好恶偏好都会直接或间接影响到决策者。

（3）学习经验

学习经验包括工具式学习经验和联结式的学习经验。工具式学习经验就是我们在日常生活中获得的独特学习经验，这些学习经验会影响到我们的生涯决策。联结式学习经验即我们受到某个情景环境的刺激，引起情绪上的积极或消极的反应，从而影响决策。

4.生涯决策的环节

（1）界定问题

生涯决策的第一步需要我们明确界定问题，界定问题就是发现你的困惑，明确目前自己需要进行什么样的决策？根据个体所处的学习和生活阶段，界定清楚个体身份、发展需要、努力方向等生涯决策问题。

（2）澄清价值

生涯决策第二步就是澄清价值。价值观是一个人对于周围客观事物的重要性的总看法和总评价。澄清价值就是理清自己的生涯价值，理清周围事物在你生涯决策中的轻重、主次的顺序。

（3）找出可能的选择

生涯决策第三步是找出可能的选择，通过搜集资料和询问他人等方式找出可能的选择，可供参考的选择越多，做出的决策就越客观和科学。

（4）发现可能选择的结果

生涯决策第四步是发现可能选择的结果。找出可能的选择之后，不断分析各个选择、反复权衡各个选择的利弊，从而发现不同选择可能会出现的各种结果。

（5）系统筛选可能的选择

生涯决策第五步系统筛选可能的选择，这世间不存在完美的选择，我们要学会在利弊因素之间区分重要性，避免陷入完美主义带来的决策困难。因此，要决策，就必须学会舍弃。

（6）拟订行动计划

生涯决策第六步是拟订行动计划。做出选择后没有具体的行动计划，很难保证有持久的行动力，因此做出选择后通过分析和思考拟订周密的行动计划是决策成功的重要一步。

（7）开始行动

生涯决策第七步就是按照计划一步步地去实现目标。最后一步其实是整个决策环节中最重要的一步，所有的前期铺垫就是为了最后这一步的达成，心怀梦想容易，脚踏实地坚持去努力不易，行动起来吧！

5. 生涯决策的原则

（1）择己所爱

择己所爱，就是跟随自己的心意选择自己所喜爱的。择己所爱的选择才是你自己最满意的选择，最适合自己的选择。所谓兴趣就是最好的老师，跟随内心的选择就会有强大的动力，从而不断地追求，不断地拓展，才能有更广阔的发展。

（2）择己所能

择己所能，就是在充分了解自己长处的基础上，选择与自己长处相辅相成的决策，这里的长处包括你的多元智能、专业技能、性格等方面。

（3）择己所利

择己所利，就是在顺从自己心意和能力的同时选择更有利于个人今后的发展的选项。每一个生涯决策在我们的人生中都具有重要的意义，因此我们要慎重对待每一个生涯决策。

（4）择世所需

择世所需，就是人们的需求、社会的需求无时无刻不在发生改变，我们要不断适应社会的需求，跟随社会的变化而改变。

故事导发

苹果的故事

苏格拉底是古希腊著名的哲学家，有一天，他的几个学生问他："人生是什么？"苏格拉底并没有马上回答学生提出来的问题，而是将他们带到了一片苹果树林，要求大家从苹果林的起始走到尾端，并且每人在树林中需要挑选出一个自己认为最大最好的苹果，但是不许走回头路，也不许选择两次。

学生在穿过苹果林的过程中，都认真细致地挑选自己认为最好的苹果。等大家从苹果林的起始走到尾端，苏格拉底已经在终点那里等候他们了。他笑着问学生："你们挑到自己最满意的果子吗？"大家你看看我，我看看你，都没有回答。

苏格拉底看见大家都不出声，又问："怎么啦，难道你们对自己的选择不满意？""老师，让我们重新来一次吧，"一个学生请求说："我刚走进果林时，就发现了一个很大很好的苹果，但我还想找一个更大更好的。当我走到果林尽头时，才发现第一次看到的那个就是最大最好的。"另一个接着说："我和他恰好相反。我走进果林不久，就摘下一个我认为最大最好的果子，可是，后来我又发现了更好的。所以，我有点后悔。""老师，让我们再选择一次吧！"所有学生都不约而同地请求。

苏格拉底笑了笑，语重心长地说："孩子们，这就是人生——人生就是选择，它是无法重复的选择。"

其实，我们每个人面对自己的人生，只能做这样三件事：

一是在人生的每一个"重要关口"，必须认真分析、郑重选择，争取不留下太多的遗憾；二是一旦作出了自己的选择，哪怕是有所"遗憾"，也要理智去面对，然后再努力创造条件去逐步改变；三是假若经过努力也不能改变现实，那就要勇敢地接受，千万不要使自己时时处在"后悔"的阴影当中，而应根据现实条件及时调整好自己，迈开大步继续朝前走。

活动导学

测一测自己的决策类型

以下所列的各项陈述句，是一般人在处理日常事务及作生涯决定时的态度、习惯及行为方式，请评量每一个选项与你实际情形的符合程度。

符合 / 不符合

1	我常仓促做草率的判断	□ □	★
2	我做事时不喜欢自己出主意	□ □	●
3	碰到难做决定的事情，我就把它摆到一边	□ □	▲
4	我会多方收集做决定所必需的一些个人及环境的资料	□ □	■
5	我常凭一时冲动行事	□ □	★
6	做事时我喜欢有人能在旁边，以随时商量	□ □	●
7	遇到需要做决定时，我就紧张不安	□ □	▲
8	我会将收集到的资料加以比较分析，列出选择的方案	□ □	■
9	我经常改变我做的决定	□ □	★
10	发现别人的看法与我不同时，我便不知道该怎么办	□ □	●
11	我做事总是东想西想，下不了决心	□ □	▲
12	我会权衡各项可选择方案的利弊得失，判断出此时此地最好的选择	□ □	■
13	做决定之前，我从未做任何准备，也未分析可能的结果	□ □	★
14	我很容易受别人意见的影响	□ □	●
15	我觉得做决定是一件痛苦的事情	□ □	▲
16	我会参考其他人的意见，再斟酌自己的情况做出最适合自己的决定	□ □	■
17	我常不经慎重思考就做决定	□ □	★
18	在父母、师长或亲友催促我做决定之前，我并不打算做任何决定	□ □	●
19	为了避免做决定的痛苦，我现在并不想做决定	□ □	▲
20	经过深思熟虑之后，我会明确决定一项最佳的方案	□ □	■
21	我经常凭直觉做事	□ □	★
22	我常让父母、师长或亲友来为我做决定	□ □	●
23	我处理事情经常犹豫不决	□ □	▲
24	当已经决定了所选择的方案时，我会展开必要的准备行动并全力以赴做好它	□ □	■

哪一种图案越多，你就更倾向于哪一种决策风格！

★冲动直觉型，▲逃避犹豫型，●依赖型，■理性型。

第 2 节　我的生涯规划

——制作生涯规划书

"凡事预则立，不预则废"，青春易逝，人生短暂，不能在迷茫和悔恨中度过我们的一生。我们每个人在心里都藏着一个梦，要将这个梦作为我们前进的动力，趁着青春年少，风华正茂，我们需要好好规划一下自己的人生，让我们能够循序渐进地完成我们的梦想。生涯规划书就是指一个人针对生涯发展不同阶段所制订的预期计划，这个计划是在全面的自我探索和外部探索后，通过掌握的信息，从而制订不同生涯发展阶段的学习和成长的目标，为我们实现生涯规划提供明确的时间表和路线图。制订生涯规划书能够帮助我们描绘梦想蓝图，为我们的梦想插上强而有力的翅膀，让我们能够在生涯之旅中飞得更高、飞得更远。

问题导入

当学生做好决策，对于未来有了清晰、明确的发展方向时，可能依然不知道如何整合现有的资源来达成决策。通过前期的自我探索和外部探索，学生基本掌握了生涯规划中的知识和信息。在做好决策后，通过整合自己所有的信息和资源，制作一份行之有效的生涯规划书，可以让自己更快地接近成功的彼岸。

知识导航

1. 生涯规划书的内容

（1）自我认识

在生涯规划中首先需要对自己有一个全方位的认识和了解，包括自己的兴趣、能力、价值观、气质、性格等等。通过自我探索对自己有一个清晰的认识，知道自己是谁，想成为谁，知道自己在哪里，未来要去哪里。学生在全面了解自己的基础上，将自己的情况与外界环境联系在一起，才能制订出合理的生涯规划书。

（2）环境分析

对环境进行探索和了解是制订生涯规划书重要的前提和依据，包括家庭环境、学校环境、职业环境、社会环境等。家庭环境主要包括家人期待、家庭氛围、家庭经济等对本人的影响；学校环境指目标院校、院校前景、院校档次、特色专业等；职业环境包括行业前景、就业形势、职业内容、职业要求等；社会环境指社会文化、就业前景、竞争压力等。

（3）目标的设置和分解

俗话说"一口吃不成胖子"，生涯目标的实现也是如此，很难一蹴而就。通过前期自我认识和环境探索中所掌握的信息，结合自己的大学、专业、职业愿景，确定合理且恰当的生涯目标后，需要将生涯目标划分成许多的小目标，通过不同阶段小目标的达成，不断获得动力，增添信心，最终达到总目标的实现。古人说："不积跬步，无以至千里；不积小流，无以成江海。"大的成就往往都是由一个一个的小成就累积而成的，大目标也是通过许许多多的小目标的达成而实现的。

（4）生涯机会评估

生涯机会评估主要指评判和估量自身生涯发展的机会和风险，包括短期机会和长期机会的评估。评估生涯机会可以结合对自身条件的了解和对外部环境的探索：首先通过信息搜集、人物访谈等方式了解当前专业、院校、行业的要求和发展前景，了解自己是否具有能够选择某一专业、院校、职业的基本条件；其次是通过自我探索了解自身的条件，比如你的分数、学科组合、特长优势、自身素质等，确定自己能够顺利升学或者进入到某行业中。

（5）制订计划和方案

通过前期对生涯环境的探索和分析，结合自身的兴趣、能力、价值观进行综合衡量，围绕着生涯目标，制订系统的、明确的、可执行的计划和方案，尽可能详细规划初中、高中这六年的时光和未来的发展路径。制订计划要切合自身实际条件和情况，遵从轻重缓急的原则，不断完善和调整来适应自我发展、外部环境的改变。制订好计划和方案后，生涯规划者需要合理安排时间，保持良好心态，不断坚持，朝着自己的目标一步步迈进。

（6）评估与反馈

评估与反馈主要是指个人在践行计划和规划时，不断评估和反馈自己的实施过程和结果状况。生涯规划的评估和反馈包括：生涯目标、实施路径、实施策略、其他因素这四个板块，生涯目标的评估和反馈就是生涯规划者反馈目标完成的情况，以及评估是否需要重新调整目标的可能性。实施路径的评估和反馈就是指在出现任何状况和变故的时候，评估是否有调整实施策略及发展方向的必要。实施策略的反馈和评估指在生涯规划者实践过程中根据生涯目标的完成情况和实际情况来调整自己的行动策略。生涯规划并不是一个一成不变的过程，而是一个动态的过程，需要根据我们的反馈和评估来不断调整和完善，评估和反馈是生涯规划书中不可缺少的一部分。

2.SWOT 分析法

制作生涯规划书时应用 SWOT 分析法，能够帮助我们探索和发现自己的优势与劣势，更加明确自己在生涯过程的机遇与风险。SWOT 分析法，其中 S（Strengths）是优势、W（Weaknesses）是劣势，O（Opportunities）是机会、T（Threats）是威胁。SWOT 分析法就是将自己内外环境中拥有的各种优势、资源、风险、劣势等进行罗列和分析，采用 SWOT 分析法能够帮助我们在生涯规划过程中整合我们的已有信息和资源，让我们能更好地了解内外环境，准确地进行自我评估和环境分析。

（1）S（Strengths）——优势

世界上没有一模一样的两片叶子，人亦是如此，我们都是独一无二的存在，每个人的个性、价值观、性格等具有差异性，但是"天生我材必有用"，我们都有属于自己的闪光点。SWOT 中的 S 是指优势因素，优势因素是内部环境因素，通过各种途径和方法来分析自己的内在优势资源，包括你的优势智能、兴趣爱好、专业特长、性格优势等。自我分析后将所有的信息运用提纲的形式将其罗列出来，能够帮助我们明确自己的优势。

（2）W（Weaknesses）——劣势

人无完人，我们每个人都有自己的优势，必然也存在自己的劣势。SWOT 中的 W 是指劣势因素，劣势因素是内部环境因素，学生通过自我探索和分析来掌握自己的内在劣势资源，包括劣势智能、性格短板、认知局限等。明确和清晰自身的劣势，能够帮助我们扬长避短，努力完善自我，提高自身的能力和素质。劣势和优势同等重要，通过罗列自身的优劣势，能够帮助我们适宜自己的生涯决策，明确当前自身所具备的资源和短板，更有利于自己不断发展。

（3）O（Opportunities）——机会

在生涯发展过程中，我们会面临不同的机会和威胁，因此发现和分析外界的影响因素是生涯规划书中必不可少的一部分。SWOT中的O是指机会，机会属于外部环境因素，是指对自己有利的外部因素，比如国家政策、师资力量、家庭支持、院校招生等，人是离不开外在环境而独立存在的，及时抓住外在的机会能够帮助我们达成自己的生涯目标。

（4）T（Threats）——威胁

SWOT中的T是指威胁，威胁属于外部环境因素，是指对自己不利的外部因素，如家庭环境、学校环境、社会舆论等。威胁是指在外部环境中所存在的对我们不利的因素，在探索分析外部威胁的时候，可以这样问自己几个问题：外部环境中有哪些会影响我们生涯发展的因素、生涯规划实践过程中有哪些阻碍、有哪些是凭借自身力量仍然无法改变的环境因素，通过不断的自我询问，能够帮助我们理清外部威胁进而更好地规避和转化外部威胁。

3. 生涯规划书分析流程

（1）分析因素

分析流程第一步就是分析因素，通过前期的内部探索和外部探索找到自己拥有的各种优势、机会、风险、劣势等要素，即生涯规划发展过程中的重要因素，从而清楚地指导自身内部的优劣势资源，以应对外部环境带来的机遇和威胁。

（2）构建SWOT模型

构建SWOT模型，首先将根据调查分析得到的各种优势、机会、风险、劣势要素罗列出来，然后按照其轻重缓急的程度进行排列。在构建SWOT模型的过程中，需要先把最重要的、最紧急的影响因素优先排列出来，再将次要的、不紧急的影响因素排在后面。SWOT分析法（表4-2-1）拥有四种战略分析，优势、劣势、风险、机会相互组合，形成SO、WO、ST、WT策略，SO战略包括优势与机会、WO战略是指劣势加机会、ST战略意味着优势和威胁、WT是劣势加上威胁。SO战略是一种利用内部优势与抓住外部机遇的战略，是最理想化的战略。WO战略是利用外部机遇来弥补自身劣势，从而改变自身不利局势的战略。ST战略是生涯规划者利用自身优势来抵抗和规避外部危机的战略。WT战略是一种降低自身劣势，回避危机的保守战略。面对生涯发展过程中的不同情境和状况，我们应该运用不同的战略来进行应对。

表 4-2-1　SWOT 模型分析

外部环境因素	内部环境因素	
	优势	劣势
机会	抓住优势，利用机会	利用机会，弥补劣势
威胁	抓住优势，减少威胁	降低劣势，回避威胁

故事导发

SWOT 分析案例

个人概况

小明基本情况：2021 年考入重庆市某中学初中部，将于 2024 年 6 月毕业。温和友善，但不善于与人相处，成绩优异，未来想成为一名外交官。

内部环境分析

优势	劣势
1. 做事比较认真、踏实，有浓厚的学习兴趣和一定的实力，英语成绩优异。	1.性格较内向，并不善于与人交往和沟通。
2. 富有极强的责任心、爱心，善于站在他人角度思考。	2. 办事不够细腻，有时考虑问题不全面。
3. 对一切问题有寻根究底的兴趣，一定要将事情想清楚，并喜欢思考问题，有一定的分析能力。	3. 做事不够果断，尤其事前作决定的时候老是犹豫不决。
4. 有一定的书面表达能力，逻辑思维性和条理性较强。	4. 做事有时拖拉，不够雷厉风行。

外部环境分析

机会	阻力
1. 随着我国的经济飞速发展，国家发展的同时对人才的需求也大为增长，所以就业前景是乐观的。	1. 外交学院的录取分数高，录取人数少，竞争激烈。
2. 随着经济全球化的发展，国际交流频繁，中国面临的国际化形势给个人也提供了更多的机会，使个人可以在更宽广的舞台展现自身优势。	2. 国际化的环境同时也意味着国际范围的竞争和挑战，对个人素质要求也就更高了，想要成为一名外交官，英语能力、表达能力、反应能力等都是至关重要的。
3. 身边有很多优秀的同学和朋友，有很多向他们学习的机会，并且有构建良好的人际关系的条件。	3. 成为外交官的要求逐日提高，更需要有经验的人才，即使考入外交学院也不意味着能够成为外交官。

（3）制订计划

依据内外部环境因素的分析和 SWOT 的模型构建结果，制订符合自身情况的生涯规划计划。制订生涯规划计划需要尽量发挥和利用自己的优势和机会，降低自己的威胁和劣势，全盘考虑内外部的因素，着眼于自己的发展现状与前景。

（4）落地执行

分析了因素，制订好 SWOT 模型和计划，落地执行也是必不可少的一步。落地执行遵循 PDCA 方法，PDCA 循环最早是由戴明博提出来的，就是计划（Plan）—执行（Do）—检查（Check）—处理循环（Action）这样循环往复的过程。P 意味着计划，我们首先制订相应的目标和计划；D 是指执行，按照计划逐步进行实践；C 是检查，在实践的过程中，我们也需要不断总结成败；PDCA 并不仅仅只行动一次，而是周而复始地循环在我们的 SWOT 分析过程中。

4. 生涯规划书行动原则

（1）扬长避短

"尺有所短，寸有所长。"通过自我探索和分析了解哪些是自身的优势？哪些是自己的劣势？扬长避短意味着我们一方面要善于利用自身的优势和特长，在生涯发展过程中不断发挥自身的优势，将自身的优势最大化，另一方面对于自己的短处和劣势，我们要尽可能地完善和规避它，才能让自身的能力和素质尽可能展示出来。

（2）抢机化危

"危和机总是同生并存的，克服了危即是机"，在生涯发展过程中我们会面临许多机遇和威胁，但是面对机遇和危险时我们要保持迎难而上的勇气，才能抢占机遇化解危机。抢机化危重要的是，生涯规划者要认清危机中的转变之机，抓住机遇中的发展之机，才能在抢机化危中赢得发展主动权。

（3）全盘考虑

通过分析我们了解自身的优劣势、所面临的机遇和危机，因此在生涯规划的过程中我们要全面考虑自身的各个因素，不能单单只考虑某一个方面，要学会用全局的眼光去看待自己的生涯发展过程。通过综合的考量和慎重的思考，才能让我们的生涯之旅更顺利、更快地达到目的地。

心理锤炼篇

小理科故篇

第1节　培养坚强意志

问题导入

现代社会日趋富裕的物质生活条件削弱了当代青少年的意志力。当代青少年意志力的薄弱，主要表现在哪些方面呢？

首先，心理承受能力弱。一个10岁的孩子服毒自杀，只因为父母没有答应买一件他想要的玩具。这个孩子一直生活在父母对自己百依百顺的环境中，遇到一点小小的阻碍，就觉得活不下去了。一个女中学生高考后悬梁自尽，原因是她害怕高考的失败。过度的忧虑和不安，使她趁家中无人时结束了年轻的生命。可成绩公布后，她的分数却超过了理想高校的分数线。一名大学生因一次班干部改选落选，便认为身边的人都在与他作对，便轻易地把自己的生命交给了死神。由此可见，当代青少年的心理承受能力何其脆弱。

其次，做事没有恒心。在学习上，不少学生由于缺乏意志力，往往做事虎头蛇尾。他们常常为自己制订了学习计划，但碰到外界的一点诱惑或挫折便放弃。即使通过老师和家长的思想教育鼓起了勇气，坚持不了一个月便又打回原形。这种做事没有恒心的习惯，不但影响学业，更影响以后事业的发展。

第三，独立性差。有些家长对孩子包办代替，为孩子做好了一切。孩子上了小学、中学，甚至大学，都是衣来伸手，饭来张口，事事都要人操心照顾，结果就造成了高分低能的现象，学生的生活自理能力极差。一个考上北京某重点大学的学生，要求父母必须送她去大学报到。一个月后她却回到家中，向父母撒娇说："妈妈爸爸，我不上学了，我想你们，我一辈子也不离开你们"。这种"大孩子"在当代青少年中比比皆是。

知识导航

1. 什么是意志力

人的意志力指的是构成人的意志活动的某些比较稳定的方面。坚强的意志力包括的基本品质有：自觉性、果断性、坚韧性和自制力等。

（1）自觉性

自觉性是指人在行动中具有明确的目的性，充分认识所采取的行动的社会意义，使自己的行动服从于社会要求的优秀品质。有自觉性的人，会明确自己行动的目的，目标一旦形成便不会轻易让外界影响自己，但同时又善于接受一切有益的意见。自觉性反映了一个人坚定的立场和信念，它是产生坚强意志力的源泉，贯穿于整个意志行动的始末。

（2）果断性

果断性是一种使人能明辨是非，而又能迅速合理地做出决定的品质。意志的果断性跟智慧的批判性和敏捷性相连。具有果断性的人，明白是非利害，也对行为胜利有把握，于是便会坚决地采取行动。

（3）坚韧性

具有意志坚韧性的人，能够在执行决定时坚持到底，一直保持充沛的精力，勇往直前，百折不挠。具有意志坚韧性的人，既能够排除外界的困扰，不怕困难与失败，又善于长久地保持自己的精力和冲劲，做到善始善终，坚持到底。这也是一种与见异思迁，虎头蛇尾相反的品质。意志缺乏坚韧性的学生容易在完成任务过程中经受不住外界的诱惑，抵挡不住困难的考验，不能坚持至终，从而半途而废。

（4）自制力

自制力是指能够完全自觉、灵活地控制自己的情绪，约束自己的行动以及言语方面的品质。自制力的高低反映着意志的抑制职能的强弱。自制力强的人，善于克制自己的情绪，抵抗外部或内部的干扰。自制力强的学生，纪律性较强，情绪稳定，学习时注意力集中，记忆力强，思维敏捷。相反，自制力差的学生则容易走神，纪律性差，思维反应慢。

2. 为什么要培养意志力

意志力是一个人必须具备的重要品质，对于青少年学生的学习和成长非常重要，所以必须有意识地培养意志力。

（1）意志力跟个人的道德修养的发展有重要的联系

培养个人的道德修养，就是人深入了解外部世界并克服自身缺点，完善自我的过程。在这个过程中，意志力起到了十分重要的作用。比如对乐于助人、遵纪守法、吃苦耐劳等品德的培养，没有坚持不懈、坚忍不拔的意志力来支持的话，道德品质的提高是很难做到的。

（2）意志力对人的成长和一生的事业有重要的意义

俗话说："有志者事竟成。"年幼时，我们对未来的人生充满了希望。每个人都有自己心中的梦想，有人想成为画家，有人想成为著名的主持人，有人想成为科学家，有人想成为运动员……许许多多的愿望，大多都会随着时间的冲击，成为泡沫。其实，实现梦想必须有志向及意志两方面的支持。有了明确的奋斗目标后，还需要强大的意志力去推动和保持，才能不断地向目标迈进直至形成事业。

北宋文学家苏轼说过，"古之立大事者，不惟有超世之才，亦必有坚忍不拔之志。"古往今来，凡是有不凡成就的人物，他的身上都会体现出坚强的意志力。美国著名发明家爱迪生小时候被学校老师视为不可教的智力障碍儿童，但他顽强学习，醉心于科学试验和发明，创造出了留声机、碳丝电灯泡、电车、电话机、发电机、电动机等诸多影响近现代社会发展的重大发明。他说过："伟大人物的最明显的标志，就是他坚强的意志。不管环境变换到何种地步，他的初衷与希望不会有丝毫的改变，而终于克服障碍，以达到期望的目的。"

人生犹如海中航舟，大海总有风浪，唯有咬紧牙关，坚持航线才能到达彼岸。意志力是通往成功之门，也是通往成功路上的必备武器。如果想自己能够在未来成就大业，我们应该自觉培养坚忍不拔的意志力。

（3）意志力在青少年的学习活动中起着重要的作用

意志力对任何事情的成功都有不可或缺的作用，尤其是对于青少年学生的学习活动。从意志力的几个特性来看，它发挥以下几方面的作用。

首先是明确目标的作用。每一个行为活动都会有一个最终目的，它使人行动，努力地追求。缺乏目标就会丧失斗志，学习也一样，漫无目的，很容易迷失方向。确立学习目标是个根本性的问题，所以学生应该根据自己的实际情况，为自己设立好一个学习的计划。有了要去奋斗的方向和行动的计划后，通过努力一步一步地将目标完成。

其次是抵制诱惑的作用。俗话说"学海无涯苦作舟"，说明了学习是一项艰辛的脑力劳动。意志力薄弱的学生，往往不能抵制住外界的诱惑，学习容易分心，半途而废。一个初中生在开学前给自己设立了本学期的目标，并细化了目标，目标之一是期中考试的时候英语要拿90分。于是他每天坚持看英语书、做题2个小时。一段时间后，在同学的影响下，他迷上了网络游戏。一开始还能克制住，但是慢慢地，看书的时间缩短为1个小时，做题也不像以前那么专心了。又经过一段时间，他已醉心于网络游戏了。最后，期中考试的结果出来了，他的成绩不但没有进步，反而大不如从前了。由此可见，没有坚强的意志力，就不能抵制外界的诱惑，排除不良情绪干扰。

最后是坚持不懈的作用。现在很多孩子是糖罐里泡大的，往往吃不了苦，遇到挫折或困难便鸣金收兵。在学习上也是如此，他们一开始还满怀信心，但是缺乏坚持不懈的精神，三天打鱼，两天晒网。他们往往一遇到考试不理想，或遇到难题，便轻易地说放弃了。因此，要想达到学习进步目的，唯有依靠坚强的意志力，坚持不懈的努力才能取得成功。

故事导发

刘云出身农村，长得十分精神，学习成绩也非常优秀。在学校，他经常被老师夸为榜样学生。在家里，他更是一个懂事的孩子。但因为家境非常贫困，他的学习条件非常艰苦。在他8岁那年，父亲又因工地施工意外身亡，家庭的重担由母亲一人扛了。他和母亲生活在一间仅7平方米的小屋里，经常在昏暗的灯光下学习。有一天，他看着自己憔悴不堪的母亲，握着她满是皱纹的双手说："我不读了，我出来工作赚钱。"母亲流着眼泪说："儿啊，不管如何，你一定要继续读书，妈妈一定要供你读完大学，找份好工作。"

年幼的刘云，不负母亲的期望，在艰苦的环境中，以惊人的意志，克服困难努力学习，最终以优异的成绩考上了名牌大学。大学毕业后，找到了一份稳定的工作，还把母亲接到了城里生活。

从这个案例中可以看到，刘云从幼年时代就开始经历生活的磨难，承受了同龄人所没有承受的考验。但是，正是家庭和生活中的磨难，磨炼了他惊人的意志，并最终战胜了困境。由此可见，意志力对一个人的成长是多么重要。

活动导学

意志力不是先天获得，而是后天培养锻炼的结果。一个人的意志同个人的生理因素、气质有一定的关系，但主要是人在后天的环境中形成的。那么，青少年怎么知道自身的意志力如何呢？其实，青少年可以依靠一些科学的方法进行测试。

青少年意志力水平自我测试

本测评所用量表分为甲、乙卷，共列出了 26 个情况（题目），请根据自身情况作答：完全符合选 A，部分符合选 B，一时难以确定是否符合选 C，不大符合选 D，完全不符合选 E。

表 5-1-1　意志力测评量表 甲卷

序号	测评题目	A	B	C	D	E
1	你每天都坚持跑步、打太极拳、练气功或散步等体育活动，因为这些运动能够增强你的体质和毅力					
2	若无特殊情况，你每天都按时起床，从不睡懒觉					
3	你信奉"不干则已，干就要干好"的格言，并身体力行					
4	你做一件事情的积极性，取决于其重要性，以及是否应该做，而不是取决于自己对这件事的兴趣					
5	当工作和娱乐发生冲突的时候，即使这种娱乐很有吸引力，你也会放弃娱乐立即投入到工作之中					
6	你下决心要完成的事，不论遇到什么困难，你都能持之以恒、坚持到底					
7	你能长时间从事一件非常重要但却枯燥无味的工作					
8	你一旦决定开始做某件事，常常说干就干，决不拖延或让计划落空					
9	对于别人的意见和说法，你从不盲从，总是喜欢分析、鉴别一下					
10	凡事你都喜欢自己拿主意，也不排斥别人的意见和建议					
11	你不怕做从没做过的事情，不怕独立负责，将其视为锻炼自己的机会					
12	你和同事、朋友、家人相处时很有克制力，从不无缘无故发脾气					
13	你一直希望做一个坚强、有毅力的人，坚信"有志者事竟成"					

表 5-1-2　意志力测评量表 乙卷

序号	测评题目	A	B	C	D	E
14	你给自己制订的计划，常因主观原因无法如期完成					
15	你的作息时间没有规律性，常随自己情绪和兴致的变化而变化					
16	你认为做事情不必太较真，能做到则好，做不到就算了					
17	有时临睡前你会发誓第二天要干一件重要事情，但到第二天这种劲头就消失了					
18	你常因读一本妙趣横生的小说或看一集精彩的电视剧而不能按时入睡					
19	若在工作中遇到了困难，你首先想到问问别人有什么办法					
20	你的爱好广泛善变，做事情常常因为心血来潮					
21	你做事情拣易怕难，困难的能拖就拖，能推则推					
22	凡是你认为比你能干的人，你从不怀疑他们的看法					
23	遇到复杂莫测的情况，你常常拿不定主意，长时间不能做出决定					
24	你生性胆怯，没有百分之百把握的事情，你从来不敢去做					
25	与人发生争执，有时明知自己不对，却忍不住要说一些过激的话语伤害对方					
26	你相信机遇的作用大大超过个人的付出和努力					

甲卷中，选 A、B、C、D、E 依次得 5、4、3、2、1 分；乙卷试题中，依次得 1、2、3、4、5 分。两卷得分相加为总得分。总得分的不同水平对应意志力的不同水平（表 5-1-3）。

表 5-1-3　评价结果

总得分	70 分以下	71 ~ 90 分	91 ~ 100 分	110 分以上
意志力水平	薄弱	一般	较坚强	十分坚强

3. 青少年培养意志力的方法

当代青少年学生意志薄弱，是多方面原因造成的。首先是家庭教育的原因，生活条件好了，很多父母都有溺爱孩子的现象，在家庭教育上也是紧盯着孩子的分数，而不注重非智力因素的培养。其次是学校教育的问题，由于现时的教育制度仍受应试教育的影响，课堂上老师不断地灌输知识，却缺乏了对学生学习动机、信念等非智力因素的培养。下面我们来看一个案例：

　　刘彬是个初一的学生，而且是男孩子，学习成绩属于中等水平，家里的环境比较优越，很少做家务活。在学校里他看到其他的同学成绩优秀，受到老师们的表扬，自己十分羡慕。于是，从初一的第二学期开始，他下定决心要让自己的成绩在班里也达到优秀的水平。他给自己定了一个学习的计划，早上六点钟起床早读，每天坚持课前预习，课后复习，认真完成作业，并要求自己一学期下来要读四本名著。

　　刚开始的一段时间，刘彬确实是六点钟就准时起床读书了，而且其他各个方面都表现得很好。一段日子过去后，天气变冷了，他躲在床上睡了懒觉。从此以后，到了六点二十分都看不到刘彬早读的身影。每天放学回家后，他也不是马上就把当天的功课完成，而是待在电视机前看自己喜欢的电视节目。作业慢慢变得需要父母催才肯去做了，名著也只看了个开头，就没有接着往下看了。

　　从以上的事例可以看出，刘彬是个意志力薄弱的学生。其实，很多青少年学生都有存在这样的毛病，那么我们如何针对性地培养良好的意志力呢？

　　（1）目标导向法

　　明确生活的目的，树立人生的理想，使自己心目中有努力的方向，才能克服重重困难，达到目的地。但是必须注意目标的设立须恰当，不能太难，目标太难达不到就会打击信心；但也不能太易，太易则失去了意义。

　　进行目标导向时也可以借助榜样引领作用，促使青少年在对榜样的认识和学习中培养坚强的意志。初中生容易受生动形象化教育的影响，所以榜样的引领作用，有时候比批评效果要好。例如学校里老师可以在班会课上开展对著名人物、模范人物、领袖人物的系列学习活动，通过学习钻研他们的事迹，汲取鼓励自己前进的动力。

　　（2）监督训练法

　　这种训练法通过老师家长的监督，达到培养学生的自制力的目的。每个人都会受到外界的诱惑，很多学生在一开始信誓旦旦，也设立好目标，一旦真正实施起来往往不能坚持，比如受网络的诱惑，或是一些不良书刊的影响，不能很好地在预定的轨道上执行；因此要有老师和家长的监督，才能帮助他们克服自制力不强这一弱点。另外，除了让老师家长多告诫自己不要懒惰，抵制外界的诱惑以外，青少年还可以让自己多在集体中生活，在自己的行为中融入集体荣誉感，借集体的力量来约束自己的行为，这样也可以锻炼自己的自制力。

（3）挫折训练法

通过以苦锻志，以达到培养意志的目的。没有困难，就没有克服困难的意志，只有经历不断的挫折考验，不断地增强耐挫力，我们的意志才会提高。

挫折是人生中不可避免的，有的人跌倒了能爬起来，有人稍遇挫折便一蹶不振。这就涉及到一个耐挫力的问题。耐挫力指对挫折的耐受能力，指个人对挫折的可忍耐、可接受程度的大小。耐挫力高的人，往往比较积极、自信，能够战胜困境产生的紧张状态与情绪反应。耐挫力是意志力的其中一方面，通过培养耐挫力，能够在很大程度上提高学生的意志力。培养青少年的耐挫力，可以从学习和生活上的小事着手，让自己通过战胜挫折，以达到形成坚强意志的目的。

生活中，自己处理遇到的问题，比如说家务，适当地下厨，体会煮菜做饭的辛苦，通过饭前帮忙、饭后洗碗，锻炼自己吃苦耐劳的品质。

学习中，遇到问题不要马上向老师求助，应自己开动脑筋，养成独立思考的习惯。适当选择一些难题让自己去思考，解答。通过不断以困境和难题来刺激自己，使自己养成一种耐挫力，使得自己的意志力不断提升。

（4）情感激励法

情感跟意志有着十分密切的联系，当人的某种情感对人的活动起到推动或者是支持的作用时，这种积极的情感便会成为意志行动的驱动力。

比如说，韩国仁川亚运会中，我国的短跑运动员苏炳添在预赛的时候取得很好的成绩，有很大的希望取得金牌，但是在决赛的时候却一度被其对手超过了。当时他满怀着为国争光、荣耀祖国的心情，咬紧牙关，向终点站飞也似的冲了过去，最终取得了金牌。比赛结束后，他笑着说："当我看到其他国家的观众为他们的选手鼓掌时，我也激动了起来，一定要夺取胜利，当时我的血沸腾起来，促使我跑出了好成绩。"这就是因为情感点燃了意志的力量，促使了苏炳添发挥身体的潜能。同样，如果能够在生活中恰当地运用情感激励的方法，也可以激发自己意志的力量。

（5）活动锻炼法

亚洲飞人苏炳添在成为世界冠军之前，付出了多少的努力和汗水。他在赛场上驰骋的时候，谁会想到他在练习场上坚持不懈地锻炼自己呢。

坚强的意志是在困难重重的实际活动中一点一滴积累形成的。实践活动的锻炼是培养我们坚强意志的一个非常关键的因素。许许多多的英雄人物就是在一点一滴的锻炼中培养出坚韧不拔的意志的。我们青少年在成长的过程中可以通过以下三个方面进行意志的培养锻炼。

首先，通过学习活动锻炼意志。在课堂中学习是学生最常做的活动。通过一定难度事件的刺激，形成学生克服困难和障碍的心理，从而达到培养意志力的目的。学生要遵纪守法，遵守课堂纪律，确保自身能够在集体和班级学习生活中学会自制、自觉。

其次，通过社会实践活动来激励。社会实践本身就是一种有目的、有计划而且需要克服困难障碍的活动。社会实践活动内容很广，如社会调查、军训、参观、外出旅游、夏令营等等。通过参加社会实践活动不仅可以培养青少年的集体观、组织性、纪律性、更可以通过在活动中面对的苦难，锻炼自己的意志力。

最后，通过体育活动去锻炼意志。正如毛主席所说的"夫体育之主旨，武勇也。武勇之目，若猛烈，若不畏，若敢为，若耐久，皆意志之事"。可见，体育锻炼不仅能使人的体质增强，更可以锻炼一个人的意志。因此老师和家长应该鼓励学生参加适应的体育锻炼，以达到锻炼意志的目的。青少年学生可通过参加平时的体育锻炼如篮球、足球等，也可以参加学校组织的体育竞赛，以培养做事果断、坚持不懈的意志力。

（6）自我教育法

自我教育法包括三方面。首先是自我提醒，如针对自己的弱点，选择相关的座右铭来警戒和勉励自己。如有人以欧阳修的"少壮及时宜努力，老大无堪还可憎"来勉励自己要珍惜光阴，努力学习，实现了促进自我的作用。其次是自我约束，通过了解自己意志的薄弱点，针对性地制定一些要求来约束自己。如对晚起、睡懒觉的习惯，可定下一个 6：00 早起的要求，并一直坚持晨练的习惯。最后就是自我反省，"吾日三省吾身"，通过自己每天对生活的反思达到自制力的锻炼。能够坚持每日一思，其实也是个人意志坚强的一种表现。

（7）个性化措施

人的意志类型存在着个别差异。孔子培养学生讲求因材施教，我们今天的老师和家长也要根据学生的不同特点，采取不同的措施培养其意志品质。对于容易盲从、轻率行事的学生，应多启发他们意志的自觉性；对于胆小、犹豫不决的学生，应培养他们大胆、勇敢、果断的意志品质；对于任性、缺乏自制力的学生，要培养他们控制行为的能力；对于缺乏毅力、做事虎头蛇尾的学生，应激发他们的坚韧精神和克服困难的信心。

现在回过头来看看，应如何帮助刘彬建立和培养坚强的意志力呢？

首先，让刘彬明确自己读书的目标，自己有了目标后就会产生源源不断的动力。其次，让家长和教师发挥监督的作用，时不时地鼓励和提醒刘彬，让他在努力的过程中接受身边的人的监督。第三，让刘彬在学习之余，多在家中做些家务活，培养他生活的自理能力，从生活的方方面面让他锻炼，这对他的学习成长也是有很大的帮助的。第四，刘彬自己可以用名人的警句作为座右铭，如"少壮不努力，老大徒伤悲"。鼓励自己珍惜时间，努力学习。第五，让刘彬根据自身的兴趣特点，选择自己喜欢的运动项目，坚持长期练习，达到强身砺志的目的。第六，可以鼓励刘彬养成早读的习惯。相信一年下来，他不仅可以看到自己学习成绩的提高，而且意志力也会得到很好的提升。

第 2 节　培养抗挫折力

青少年由于身心健康发展还不成熟，遇到一点挫折和失败往往产生各种消极的情绪，严重的甚至做出一些令常人难以理解的极端行为。据报道，一位 14 岁的中学生因被老师斥责而自杀。这件事情引起了全社会的极大关注。有文章为这位学生的行为感到遗憾，在呼吁青少年应该珍视生命的同时，也为老师、家长和社会缺少针对青少年的挫折教育感到遗憾。在全国各地，每年因遭受挫折而走上绝路的青少年的数量是惊人的。由此看来，培养青少年的抗挫折能力已经是迫在眉睫。

问题导入

什么是挫折？挫折是指人们为满足自己的某种需要，在追求达到特定目标的活动中，遇到了无法克服或自以为无法克服的障碍和干扰，使其需要不能获得满足时所产生的消极的心理状态。一般表现为失望、紧张、痛苦、不安等情绪反应，如果处理不当，它会损害人的身心健康，从而影响学习和生活。

1. 青少年挫折心理的来源

青少年学生由于认识水平有限，经验不足，自我控制能力差，往往在愿望与现实之间形成种种矛盾，这些矛盾使青少年心理发展不稳定，容易遭受打击，形成挫折心理。青少年挫折心理主要有以下几个类型：

——**学习方面**：考试不及格；上课不能回答老师的问题；作业完不成；没能遇到理想的班主任或任课教师；教师不屑回答自己的问题；无机会表现自己在某一学科的才能；没能及时得到教师的肯定性评价等。

——**生理方面**：因生理有缺陷，或相貌不佳而被同学取笑、挖苦；因身体条件所限未能参加有关文艺活动、体育比赛等。

——**人际关系方面**：给老师留下的第一印象不好；没有知心朋友；经常遭人议论；被人特别是被同性戏弄、嘲笑等。

——**兴趣方面**：班主任不允许自己参加社团活动；自己的爱好得不到家长、教师的支持，甚至受到限制和责备。

——**自尊心方面**：被老师体罚或变相体罚；遭到点名批评，经常忍受委屈；教师、同学不信任、不理解自己，班干部被撤职；没取得应有的比赛名次。

——**自信心方面**：自己付出巨大努力，没有达到预期目标；精心制订的学习计划常常不能落实；自己苦思冥想的任务打算，被同学轻易否定；因某门功课没学好而被视为"不可造就"。

2. 青少年挫折心理的表现

当人处在挫折情境中的时候，总要伴随着一定的心理反应，引发出一系列直接或间接的挫折行为，并最终影响到人们个性心理的形成和发展。那么青少年面对这些困难的时候，是怎么表现的呢？

——**情绪方面**：挫折常常使青少年产生一种压抑感、恐惧感，以及焦虑不安、灰心丧气、敏感多疑等不愉快的情绪反应。

——**理智方面**：接二连三的挫折情境抑制了青少年的心智活动，常常使一些学生在分析、判断、解决问题时滞缓、刻板，缺少灵活性、独创性。这些学生往往把失败归咎于他人，并为自己找一些合理的借口，以减轻心理压力。如：踢输了球，便抱怨场地不标准；害怕与人交往，就说别人对自己不热情。

——**自信方面**：由于学习上的频繁挫折，加剧了青少年对学习的担忧，从而怀疑自己的能力，丧失了学习的信心，放弃了追求的目标，进而产生逃避学习的心理倾向。

——**性格方面**：挫折情境常会使一些青少年变得悲观失望、沉默孤独、抑郁寡欢、不愿交往、不好竞争，或表现出暴躁、易怒、喜欢挑衅等等行为。

——**生理方面**：挫折情境所带来的紧张情绪，常常导致青少年生理上的一系列反应，如呼吸急促、出汗、脸红、神情恍惚、食欲减退、失眠、健忘，以及轻度的身体疾病，等等。

——**行为方面**：挫折情境常常使青少年表现出直接或变相的攻击性行为。学习上的挫折常常导致学生破坏纪律、扰乱秩序、厌学、逃学、考试作弊等。自尊与人际关系方面的挫折常常使学生做出破坏对方财物、偷窃、讽刺挖苦别人、打人、骂人等行为。

如果有这些表现的青少年，就需要通过接受挫折教育来培养自身的抗挫折能力了。

3. 挫折教育及其意义

挫折教育是指教育者（教师、家长或社会）采取一些手段和方法帮助和引导受教育者正确认识挫折，使之在挫折面前适时进行调整，保持健康的心理状态的教育。或者可以这样说，挫折教育便是给予受教育者适当的挫折，来训练受教育者的受挫能力，并让其能很好地适应和应对挫折，进而将受挫后负面情绪带来的影响减至最低或者消除。

针对青少年的挫折教育不同于一般的思想品德教育，它是指为了提高青少年克服在遇到挫折时情绪低落、意志消沉的能力，在事情发生前向青少年灌输振作精神、鼓舞斗志的理论，或事先拟制特定的环境，让学生置身其中，以增强青少年的心理适应能力的教育方式。它是针对青少年心理不成熟、承受能力弱而进行的一种素质教育。

对青少年的挫折教育之所以引起当代有识之士的重视和研究，其主要的原因就是，挫折教育具有重要的育人功能，富有深广的教育价值、正心作用。

（1）有益于锤炼人才

孔孟等先哲早在两千多年前，就从自己的教育实践中，洞察出了艰难困苦能催人立志、逼人自强、迫人生智、导人修德的育人规律，证实挫折教育能造化出"降大任""得天命"的治国人才。这是因为：

其一，应看到在一定程度内，挫折不一定是坏事，只要教育或利用得好，对养德炼才大有裨益。挫折孕育英雄才子，富贵易出平庸俗辈，古今中外，成才立业是如此，治国齐家也不例外。只要人有科学的态度和坚韧的行动，失败不失志，挫折本身可以变成养德炼才的精神沃土。

其二，在逆境或挫折中成长起来的人才，其优势更加明显，他们往往经验丰富、老练成熟，容易珍惜奋斗的过程、胜利的成果，容易体察事理、善解人难，容易变压力为动力，化挫折为契机，以迎接新的挫折，步入新的航程。"失败是成功之母"，就是在上述两点思想之上立论的。

其三，现代生理学、心理学的研究发现，人在遭受挫折特别是外因性的挫折时，人体内分泌系统会分泌出多种成分的生理酶和激素，心理上立即出现应激状态，使人在困境或险情中爆发出超乎寻常的巨大的智慧和力量。"急中生智""险中露猛"，说的就是这种情况。教育者若经常利用或创设这样的情境，进行多样的挫折教育，学生大智大勇的德才素质，就不难养成了。

（2）有益于立德育人

应该说，进行一次完整的挫折教育，在许多情况下，实际上是"五育"参差进行的。只要教育者是清醒的有心人，将青少年身上平时难以避免的各类挫折，当作教育中难得的活材料、好机会，进行教育运筹，就能获得德、智、体、美、劳"五育"的和谐发展。

这首先是因为挫折教育的内容，不仅涉及道德是非、个体认知，还涉及到审美和创造美，更牵涉到意志的磨炼、体力的消耗与调度，可谓"五育"内容样样皆备。

其次，是因为教育者可以人为控制挫折教育的过程、程度、方式、方法，特别是可以依据学生"五育"各方面发展的优劣趋势，进行扬长克短、扬长避短、扬长补短的教育。比如，有时候针对一些具有骄傲自满、不愿助人等心态的中小学生，有意创设一些难以独立完成任务而导致失败的情境，然后因势利导，促其自我反省、自我提高，矫正自己不良的心理倾向。家长若能向孩子传授一些诸如转换、代偿、幽默、宣泄等应对挫折的方法，就能收到降低孩子心理压力、调节心理平衡、增强耐挫能力的自我教育效果。

最后，是因为挫折教育自始至终是实实在在的情境教育，最容易使学生产生丰富的情绪体验，如灰心的、悲愤的、羞愧的、酸涩的、自信的、自豪的等。这样，就十分有利于教育者在不同的教育阶段、不同的教育侧重点上，有的放矢地进行可控性的情感教育，以便收到挫折教育的良好效果。

（3）有益于立身处世

挫折教育有益于立身处世的功能十分明显，青少年学生因各种挫折原因造成的心理障碍比较普遍。据一所中学调查统计，其比例占全体学生的49.4%。在许多校园和家庭里，中小学生因心理障碍不能缓解而走上出走、犯罪、自残、自杀道路的，报道中时有所闻，生活中屡见不鲜。相反，如果社会、家庭，特别是学校重视并注意了对学生适时进行有效的、多样的挫折教育，那么成千成万的青少年学生，就不会因学业的失败、突变的灾祸、人际关系的不协调、身相不佳、早熟早恋等事情，造成心理障碍或难言的苦痛，更不会因此而走上绝路。

4. 挫折教育的内容

既然挫折是不可避免的，那么就有必要学会如何面对挫折。青少年应当如何直面挫折，应对挫折，让挫折成就人生呢？

（1）树立正确的挫折观

青少年遇到挫折时，不应该怨天尤人，应该树立正确的挫折观。正确的挫折观主要是指面对挫折的勇敢和面对失败的不屈服。强大的抗挫折能力，首先表现为能够勇敢地面对困难，正确认识挫折。

在现实生活中，考试不理想、人际关系发展困难、生活不适应等挫折，几乎每个人都曾遇到过。有些青少年总认为生活中的挫折、困境、失败都是消极的、可怕的，受挫折后往往悲观抑郁，甚至丧失了继续学习下去的勇气。事实上，挫折并不都是坏事，处理得好的话，它也可以成为自强不息、奋起拼搏、争取成功的动力和精神催化剂。历史上许多的优秀人物就是在挫折磨炼中成熟、在困境中崛起的。法国大文豪巴尔扎克根据自己丰富的人生体验形象地把挫折比作一块石头，石头本身是中性的，无所谓好坏，但对于不同的人就会产生不同的影响。对于强者，他可以成为垫脚石，让人站得更高；对于弱者，它可以成为绊脚石，使人一蹶不振。挫折犹如一把双刃剑，可以为我们所用，也可以伤害我们，关键要看我们怎么用它。经历挫折可以使人从失败中吸取教训，磨炼意志，增加克服困难的勇气，提高解决问题、适应环境的能力。相反，过于一帆风顺的生活反而会使人耽于安逸，丧失斗志，在挑战到来时措手不及。因此可以说，挫折也是一种机会。只要能坦然面对挫折，树立战胜挫折的勇气和信心，就可以适应任何变化中的环境。

（2）改变不合理的观念

引起强烈挫折感的与其说是冲突、挫折，不如说是受挫学生对所受挫折的看法，以及所采取的态度。下面几种是青少年常见的对挫折的看法。

——**此事不应该发生在自己身上**。有些青少年学生把生活中的不顺利，学习、交往中的挫折、失败看作不应该发生的。青少年都习惯于愉快、丰富的生活，一旦出现成绩滑坡、朋友负心，或期终评不上优秀等事件，都认为"倒霉"，不应该发生，而变得烦躁、易怒、束手无策、痛苦，对学习和生活失去信心。

——**以偏概全**。有些学生常常以片面的思维方式看待事物，简单地以个别事件来断言全部生活，一叶障目。例如，初中学生谢某，平时学习刻苦，认真，期考时，成绩却出乎意料，没有进入全年级前 10 名。谢同学认为自己彻底失败，不是读书的材料，常常自责自怨，甚至自卑而最终放弃继续学习下去。

——**无限地夸大后果**。有些学生遇到的是一些小挫折，却把后果想象得非常糟糕、可怕。夸大的结果是使人越想越消沉，情绪越来越恶劣，最后难以自拔。例如，初中学生刘某一门功课考试不及格，就认为自己能力不行，学不下去，整日忧心忡忡，结果自己放弃学习。这实际上是一种自己吓唬自己，给自己施加压力的做法。

青少年只有被引导改变以上这些不良的认知方式，纠正错误的观念，才能实事求是地评价挫折带来的后果，从困难中看到希望。

（3）提高自身修养，勇于实践

为了培养自身的抗挫折能力，青少年应当主动地、自觉地置身于充满矛盾的、复杂的环境中去磨炼，而不是逃避现实。同时，力争提高自身的修养，养成冷静思考的习惯，经常进行自我分析，自我反省，自我激励。从心理发展的角度看，积极主动地适应，勇敢顽强地拼搏，反复不懈地磨炼会使心理更趋成熟，增强承受挫折、化解冲突的能力，促进身心朝着健康、向上的方向发展。

（4）自觉优化自身人格品质

为了培养自身的抗挫折能力，青少年应主动地培养自己良好的人格品质，改变那些不适应发展的、不良的人格品质。在生活中和学习中，重点培养自信乐观、自强不息、宽容豁达、开拓创新等优良品格。自信才能乐观，乐观才能自信。当遇到挫折困境时，如果自信自己一定能取胜，那就会积极地去改变现实，克服困难，战胜挫折，这是自信的作用。乐观者在面临挫折、困境时，不会被眼前的困难吓倒，而是能够透过表面的不利看到蕴藏在背后的希望，相信明天是美好的，从而信心十足地去战胜困难，应对挫折。

（5）敢于正视挫折

正视挫折是排除挫折的心理前提。所谓正视，就是既不要简单地怨天尤人、归之天命，也不要消极地逃避，为寻找遁词，自欺欺人。在实际生活中，应当冷静地对产生挫折的原因进行客观分析。青少年正处于自我意识确立的敏感期，思维方式的两极波动性常常使青少年容易产生冲动、偏激，甚至是逆反选择，即从简单走向否定。因此，冷静地对产生挫折的原因进行客观分析时，需要在教师和家长的帮助下，运用唯物辩证法的基本方法去分析挫折，利用挫折。

（6）寻求恰当的方式方法战胜挫折

如果说认识自我是极其困难的事情的话，那么战胜自我则更需加倍的毅力和勇气。俗话说"当局者迷，旁观者清"，尤其是当人陷入某种困境之时，理性的迷失或降低是常见的情形。因此需要在教师和家长的帮助下，走出认识、心理上的某种误区，重新确立目标体系。在教师和家长的帮助下，与自卑、自欺、自弃的倾向进行不懈斗争，用科学的精神来寻求排除困惑的方法。

如何培养学生抗挫折能力

培养抗挫折能力，应当采取内外因相结合的方式进行。内外因结合具体表现为教育与自我教育的结合。内因是青少年的自我教育，在解决青少年自身心理问题上发挥出决定的作用，属于抗挫折教育的核心。外因是教育者提供的教育方法，在总体教育当中发挥辅助的作用。具体是指学校、家庭以及社会采取各种措施，让青少年参与抗挫折教育活动，进而培养出青少年抗挫折的强大心理承受力。

1. 创设条件，让学生经历挫折

著名教育家苏霍姆林斯基提出，必须让孩子知道生活里有一个"困难"字眼，这个字眼是跟劳动、流汗、手上磨出老茧分不开的。这样，他们长大后就会大大缩短社会适应期，提高挫折耐力。日本东京一家小学设置了一种新课，要学生用洗衣板洗衣服，用扁担挑水或抬水，用煤炉生火，用石磨磨大豆，并告诉他们几十年前绝大多数日本人就是这样生活的。许多家长也被告知，要培养孩子的竞争能力，首先要克服孩子"输不起"的心理障碍，能谦让，能合作，能吃亏，然后才能竞争。美国汽车大王福特尽管身为亿万富翁，但却要求子女自己去擦皮鞋，打工挣钱；印度也规定了学生的"饥饿日"以饿其体肤，苦其心志，等等。这些国家的做法，无疑拓宽了我们的视野，给我们以深刻的启迪。

2. 设置情境，让学生体验挫折

从古到今，没有哪一个人能不经历挫折和失败。相反，人们正是在不断地认识挫折、战胜挫折的过程中成长和发展起来的。正如塞缪尔·斯迈尔斯说的："如果生活只有晴空丽日而没有阴雨笼罩，只有幸福而没有悲哀，只有欢乐而没有痛苦，那么，这样的生活根本就不是生活——至少不是人的生活。"为此，教师可通过开展各种主题活动为学生创设受挫情境。在设计教育活动时，我们要专门设计一些军训、越野、远足等活动，让学生感受痛苦，磨炼意志，"增其所不能"。教师也可以与家长取得联系，以团队组织为依托，开展"今天我当家""怎样解决生活难题"等实践操作活动，以提高其生存能力、自理能力。在教学过程中，我们可以为学生提供实践挫折的机会。比如，将盛满水的盒子摆放在讲桌上，让学生进行尝试，看谁能在水里憋气的时间最长，从而感受溺水的滋味。学科教学中亦然，当学生陶醉于自己的成绩之中忘乎所以时，教师可有意识地设计一些难度较大的题目，给学生一次失败，让其向挫折挑战，在挫折环境中磨炼意志。

3. 有效引导，教会学生自我调节

受到挫折而产生的情绪若得不到及时的排解，积压在心头会让自己变得更加痛苦，因而教师可口头告诉学生或找相关资料、书籍让学生了解排解情绪的方法，如到空旷的地方放声大喊、去公园散散步、找朋友聊聊天、做运动转移注意等。但排解情绪的前提是不能影响或伤害别人，也不能伤害自己。否则学生会因一时激动不顾他人感受而乱发泄或伤害他人和自己。通过自身的调节，改变自己对挫折的认识和情绪反应，借以减少精神痛苦和维护自尊心，求得心理上的平衡。比如改变策略，降低行动目标或重新选择达到目标的方法。

有时适当的运用"阿Q"精神、"酸葡萄"心理等，也不失为一种暂时解除因挫折而引起不良反应的办法。当挫折来临、产生消极情绪时，可尝试以下一些应对方法：冷静对待——在失败中看到其中孕育着成功的可能，使自己重树信心；自我疏导——不过于自责，善于自我排解，使情绪得到合理发泄、调节和控制；请求帮助——主动把失败的痛苦向亲人、好友、老师、同学倾诉，这是解开心理疙瘩、消除积郁、克服消极情绪的有效方法；心理换位——尝试站在对方的角度想问题，从而体会别人的情绪和思想，这将有利于我们多角度看待、分析问题；精神升华——奋发图强去取得学习、工作和事业上的成功，将痛苦、烦恼、忧愁等不良情绪转化为积极而有益的行动，这是应对挫折最积极的态度。

4. 树立榜样，增强学生耐挫心理

心理学研究表明：榜样对青少年行为的形成和改变有显著的影响。教师首先要教育学生以从小就能立下远大志向的杰出人物为榜样，如"为中华之崛起而读书"的周恩来等，从而教育学生从小树立崇高的理想和远大的目标，使"伟大的目的产生伟大的毅力。"其次，还要有意识地为学生提供勇于战胜挫折的榜样。提供的榜样类型有：第一，中外名人中战胜挫折的典型范例。例如：被庞涓谋害挖去双膑，在断腿之痛中崛起而不是沮丧，最终成为著名军事家孙膑。战胜挫败、战胜残疾、终于登上了诺贝尔奖领奖台的巴雷尼等。第二，同龄人中著名的模范人物。例如每天除了上学，还要回家洗衣做饭，照顾瘫痪的母亲的自强不息的八岁女孩倪东艳。第三，学生身边的同学榜样。用学校或班级里战胜挫折的同学榜样对学生进行教育效果更好。当学生遇到困难和挫折时，就会从这些闪光的形象中获取勇气和力量。

此外，教师应以自己良好的耐挫心理、坚强的意志行动为学生树立榜样。例如，组织班级参加比赛成绩不理想时，应坦然面对，不要垂头丧气或怒气冲冲、迁怒学生，给学生以不良的影响。

总之，挫折是暂时的，也是永远的，抗挫折能力应该贯穿于一个人成长的始终。西方教育和心理卫生专家都认为，人们对挫折的良好心态是从青少年时代不断受挫和解决困难中学来的。所谓"吃一堑，长一智"也是讲的这个道理。学生的健全心理，特别是强大的抗挫折能力也是在学习生活、实践活动中与挫折困难作斗争中形成和发展起来的。如果把生命比作一把锋利的刀，那么，挫折就是一块不可缺少的砥石。为了使青春的刀更锋利，就让我们勇敢地面对挫折的磨砺吧！

故事导发

古今中外，名人的成功都不是一帆风顺的，不经风雨哪能见彩虹。如音乐家贝多芬在生活极度困顿、耳朵聋了的困境下，与命运奋力抗争，谱写了至今仍鼓舞了很多人的《命运交响曲》。爱迪生为了发明电灯不知试验了多少次，不知失败了多少次，才最终找到了钨丝。著名的物理学家霍金，命运对他十分残酷，17 岁时他考取了著名的牛津大学，21 岁时却患上了萎缩性脊髓侧索硬化症，医生说他至多只能活 2 年半，霍金顽强地向命运发起了挑战，他不仅坚强地活到了 76 岁，还成了伟大的天体物理学家。他写的科学著作《时间简史——从大爆炸到黑洞》轰动了世界，他不仅以他的科学成就征服了世界，更以他的顽强搏斗的精神征服了世界。美国前总统林肯22 岁生意失败；23 岁竞选州议员失败；24 岁再次生意失败；27 岁精神崩溃；29 岁竞选州议长失败；34 岁竞选国会议员失败；35 岁当选州议员；39 岁竞选国会议员再次失败；46 岁竞选参议员失败；47 岁竞选副总统失败；49 岁竞选参议员再次失败；51 岁终于当上美国总统，他废除了美国的黑人奴隶制，维护了国家的统一，成为美国历史上最伟大的总统之一。

第3节　树立并管理目标，成为理想自我

机遇只偏爱那种有准备的头脑。

——路易斯·巴斯

凡事预则立，不预则废。

——《礼记·中庸》

生命的过程就是做自己、成为自己的过程。

——卡尔·罗杰斯

问题导入

亲爱的同学，你是否想过自己将来会做什么工作？你理想中的自己是什么样的呢？你是否为自己的人生目标进行规划，第一步，第二步，第三步，一步步靠近？具体到初中这三年，你想怎样度过呢？当然，在追寻目标的过程中，你也许会调整自己的目标，努力也很重要，方向很重要！当你明确了目标，就要立即行动起来，跨越一个个障碍，坚持自己的初心，把握现在，看见未来，实现人生梦想！

知识导航

1.人生目标的作用

杰出人士与平庸之辈的根本差别并不是天赋、机遇，而是是否有目标——成功是用目标的阶梯搭就的。如果不清楚自己的方向，你的步伐就会很小，甚至是裹足不前。很多人每天过着千篇一律的生活，可从来不问自己一生要干什么，因为他们缺少目标与方向。

潜能大师安东尼·罗宾曾这样说，有什么样的目标，就有什么样的人生。作为一名青

少年，当你给自己定下了目标之后，目标就会在两个方面起作用，它既是你挑战成功的方向，也是对你人生的鞭策。目标给了你一个看得见的方向，当你一天天实现自己定下的目标时，就会在心底产生一种成就感、幸福感，从而让你更加努力地去追求。遥远的目标可以通过一个个的阶段性目标向之靠近，大目标可以通过小目标的不断实现而达成。

2. 树立合理的人生目标

亨利·福特小时候到餐馆点菜，只敢用眼睛看菜单的右侧，为什么？因为右侧是价格。福特从不敢点昂贵的菜肴，为此他常遭到服务生的嘲笑。福特发誓一定要改变贫困的现状。几经努力，福特最后成了全球汽车产业大王。人生需要目标，目标产生动力，它对于人生有积极而重要的影响。树立合理的目标需要根据自己的气质、性格、能力特点和兴趣，对自己的生涯进行合理规划、设计。

个人确立人生目标的原则，一是目标应符合社会发展的需要，利人才能利己；二是选择一个核心的目标，定下实现的期限，每天口念目视，让目标进入潜意识，之后再找到难点所在，一个个攻克，发现不可逾越的障碍时，要及时调整目标。

从自身的兴趣特长出发确立的目标更能持久地激发人的内在动力。兴趣是最好的老师，它可以补充你的精力，激发你的潜能，能给你增添信心和动力，不知不觉就引你踏上成功之途。拿破仑·希尔曾说："做你感兴趣的事，如果你兴趣够浓的话，那么你几乎是所向无敌的。"因为从事了自己喜欢的事业，你就能释放出超越自我的力量。人的创造力往往是在人的兴趣激发下爆发出来的。

个人的人生目标需要符合客观和主观条件，才有实现的可能。

客观条件是人们确立目标的外部环境。任何目标都是一定的社会经济关系和其他社会条件的产物，不可能脱离当时的社会现实。中学生确立目标，应与当前的社会制度、国家法律、伦理道德、经济水平、学校环境、家庭条件等客观条件相适应。从发展的角度看，可以高于现实，但不能脱离现实，就像列宁所说的那样："人需要理想，但是需要人的符合自然的理想，而不是超自然的理想。"

主观条件是人们确立目标的内在依据。每个人的目标不尽相同，主要是因为各自的条件有别。中学生在确立个人目标时，应切合自身的基础、现状、潜能、兴趣、意志、性格、情感等条件，对自我有比较全面、适当的评估，既不妄自尊大，也不妄自菲薄，依据自身的条件，确立最适合自我的目标。

综合主客观条件，即有了"天时、地利、人和"。只要不懈地努力，生活的理想就能成为理想的生活。居里夫人说得好："如果能追随理想而生活，本着正直自由的精神、勇往直前的毅力、诚实不自欺的思想而行，则定能臻于至美至善的境地。"

3. 管理目标的方法

远大的目标在短时间内是不能实现的，我们可以根据自己的实际情况，树立与自己的实际相符合的阶段性目标，在一段时间内通过自己的努力实现阶段性目标。中考是人生的转折点，每个面临中考的中学生，可以以此为契机，把考上一所自己喜欢的高中作为自己的奋斗目标。当我们不断完成阶段性目标，这会不断地激励我们，使我们充满信心和热情，从而更加坚定自己的理想和目标，并为之持续不断地努力下去。

为了实现人生目标，美国时间管理专家还提出了"4D"原则：丢掉不管（drop it），将那些与目标无关的事情抛开；拖拖再办（delay it），将那些资料不全、不重要、偏离目标的工作暂时先放在一边，等有空余时间再处理；委派别人去干（delegate it）：能委派别人去干的事情，尽量委派别人去干，节省时间处理更为重要的事务；自己去做（do it）：不能丢掉不管，不能一拖再拖，也不能委派别人去干的事，按照先后顺序去完成。

在实现目标的道路上，同学们会遇到许多挫折和磨难，这时我们需要坚持不懈、努力奋斗的精神，坚持自己的理想，不动摇。同学们可以从名人名言中汲取力量。每个同学可以确立一位伟大人物、先进典型人物作为自己学习的榜样。古今中外的历史上出现了无数个对人类、对社会有杰出贡献的人物，他们的身上有着取之不尽的精神财富，有着用之不竭的精神力量。同样，人们也在传诵着许多催人奋进的名言警句，这些名言警句就像一盏盏明灯，照亮了我们的心灵世界。最好的教育是自我的教育，最强大的动力来源于自己的内心深处。只要我们化榜样的力量为己用，持之以恒地追求目标，我们的人生就会绽放出美丽的生命之花。

故事导发

山田本一的目标

山田本一是日本的马拉松运动员。他曾在 1984 年和 1987 年的国际马拉松比赛中两次夺得世界冠军。记者问他凭什么取得如此惊人的成绩，山田本一总是回答："凭智慧战胜对手！"

大家都知道，马拉松比赛主要是运动员体力和耐力的较量，爆发力、速度和技巧都还在其次。所以对山田本一的回答，很多人觉得他是在故弄玄虚。

多年之后，这个谜底被揭开了。山田本一在自传中这样写道："每次比赛之前，我都要乘车把比赛的路线仔细地看一遍，并把沿途比较醒目的标志画下来，比如第一个标志是银行，第二个标志是一棵古怪的大树，第三个标志是一座高楼……这样一直画到赛程的结束。比赛开始后，我就以百米的速度奋力地向第一个目标冲去，到达第一个目标后，我又以同样的速度向第二个目标冲去。40 多公里的赛程，被我分解成几个小目标，跑起来就轻松多了。开始我把我的目标定在终点线的旗帜上，结果当我跑到十几公里的时候就疲惫不堪了，因为我被前面那段遥远的路吓到了。"

由此可知，目标是需要分解的，一个人制订目标的时候，要有最终目标，比如成为世界冠军，更要有明确的绩效目标，比如在某个时间内成绩提升多少。最终目标是宏大的、引领方向的目标，而绩效目标就是一个具体的、有明确衡量标准的目标，比如在 4 个月把短跑成绩提升 1 秒，这就是目标分解。绩效目标能够进一步分解，比如在第一个内提升 0.03 秒等。

当目标被清晰地分解了，目标的激励作用就显现了，当我们实现了一个目标的时候，我们就及时地得到了一个正面激励，这对于培养我们挑战最终目标的信心的作用是非常大的。

活动导学

1. 身边人成长经历访谈

邀请 4 位你认为成功的亲友长辈，进行人物访谈，访谈内容包括但不限于下表所列的，完成访谈记录。

表 5-3-1　访谈记录表

人物				
良好习惯				
兴趣爱好				
个人能力				
持之以恒				
突出成就				

2. 人生目标规划

在表 5-3-2 中列举不同年龄阶段你想要完成的任务。

表 5-3-2　各阶段目标及行动

年龄	目标	行动
20 岁		
30 岁		
40 岁		
50 岁		
60 岁		
70 岁		
80 岁		

参考文献

[1] 赵世俊，管以东.初中生生涯规划与发展［M］.南京：江苏凤凰科学技术出版社，2020：11.

[2] 魏潾，李广才.大学生职业生涯指导——规划·发展·未来［M］.北京：科学出版社，2010：206.

第4节　做行动的巨人

"道虽迩，不行不至；事虽小，不为不成"。没有行动的梦想，只能称为空想；只会空想的人，历来都被称为思想的巨人，行动的矮子。行动力是生涯规划的重要组成部分，是生涯规划能否实现的决定因素。万事成功的秘诀皆在于行动，在于实践，做一个行动上的巨人，终达梦想的彼岸。

问题导入

某研究曾跟踪调查了 3 000 人的新年计划后发现，虽然制订的时候有 52% 的人相信自己能够完成，但事实上最终完成的只有 12%。很多时候我们满怀着期待和信心制订的计划，常常因为缺乏行动力而不了了之。当有人问："你的理想是什么？"我们往往是口若悬河；可是当有人问："你为你的理想坚持做过哪些事？"的时候，我们可能更多的是哑口无言。制订好计划后，同学们可能并不知道怎样才能按部就班地完成，提高我们的行动力就是必要的一环。

知识导航

1.行动力的影响因素

（1）动机因素

安德斯·埃里克森认为动机是取得成就的关键因素，很多成功的人之所以能够成功，仅仅是在某些事情上比别人拥有更加持久和强烈的动机。通过提升自己的动机水平，是能够有效提高我们的行动力的。动机类型主要包括内在动机、外在动机、生物性动机、社会性动机、近景性直接动机、远景性间接动机。

根据起源，动机可分为内在动机和外在动机。内在动机是发自内心的，来自我们的内部身心状态，比如好奇、期望、自我价值的实现等。外在动机起源于外部环境，比如逃避惩罚、得到他人欣赏和肯定等。

根据转化为动机的需要性质，可以将动机分为生物性动机和社会性动机。生物性动机是由生物需要转化而来，比如衣食住行的需求。社会性动机是由社会需要转化而来，例如交往需要、成就需要等。

根据动机与目标的关系，可以把动机分为近景性直接动机和远景性间接动机。近景性直接动机是指与目标直接联系并在短时间内即可达成目标的动机，比如考前抱佛脚等。远景性间接动机是指与目标间接联系而且需要一段很长的时间才能达成目标的动机，比如为实现个人梦想而学习等。

（2）意志品质

"哪里有意志存在，哪里就有作为。"意志品质主要包括自制性和坚韧性，意志品质是行动力的重要影响因素。中学阶段是意志品质形成和发展的重要时期，但是初中生的身心发展呈现出半幼稚、半成熟的特点，其意志品质有以下特点：意志力有限；自制力不够；坚韧性和恒心不足；虎头蛇尾。因此，需要通过各种途径和方法对初中生的意志品质进行训练和培养，以有效提高自身的行动力。

（3）自我效能感

自我效能感最开始是由美国心理学家班杜拉提出来的，他认为自我效能感是个体在执行某一行为操作之前对自己能够在什么水平上完成该活动所具有的信念、判断或主体的自我感受。简单地说，自我效能感就是相信自己能够顺利完成某件事的信念和态度。自我效能感和积极行为表现能够更容易形成良性循环，两者之间不断相互刺激，随着自我效能感的不断提高，积极行为出现的频率不断增加，我们的行动力自然而然得到有效提升。

（4）目标导向作用

目标导向就是通过达成一个接一个的目标，不断积累成就感，从而不断激发行动力。因为初中生的身心发展状态，初中生对于短期目标容易达成，对于长期目标常常半途而废，因此我们在设置目标时，要学会运用合理的策略。首先目标一定要清晰、可量化、可操作，比如"我要学习好"这就是个模糊的、不可量化的目标，应该将目标设置为"我要考进年级多少名"或者"我的成绩要到多少分"，这样清晰、可量化、可操作的目标才能激发我们的行动力。然后我们设置目标时，长远的目标因其实现周期、难度大，往往难以坚持；我们可以将长远的目标分成很多小目标，通过小目标的不断达成，不断激励我们向前走，提高我们的行动力，最终达成总目标。

（5）正面激励的作用

一个人能否在长时间里拥有行动力，拥有不断提升的行动力，跟我们有没有形成一个关于行动力的正向循环有着最重要的关联。心理学上曾经做了一个实验，将一百多名四、五年级的学生等分为四个组，这些学生的能力是差不多的，然后让这些被试者在表扬、批评、静听、无条件刺激四种不同的情况下进行难度相当的加法练习，每天 15 分钟，共练习了五天。控制组（无条件刺激组）单独练习，与其他三组隔离，而其余三组在一起练习。无论同学们的正确率怎么样，表扬组都会获得赞赏和肯定，批评组一直被否定和批评，静听组不给予任何反应。过了五天，发现实验组的行为表现都优于控制组，因为无论是表扬还是批评都得到了反馈，及时反馈有利于积极行为的出现，最后还是表扬组的行为表现最优秀。及时反馈和表扬，肯定都是激发行为产生的重要因素，我们要学会自我肯定、自我激励，才能提高积极行为的出现频率，提升我们的行动力。

2. 行动计划的内容

（1）确定行动目标

在行动之前，我们需要确定好我们的行动目标，行动目标是我们航行的方向，指引我们前进，是行动计划至关重要的一部分。如果你的目标符合 SMART 原则，那么它更容易实现。SMART 原则（S=Specific 明确性、M=Measurable 可衡量性、A=Attainable 可达成性、R=Relevant 相关性、T=Time-bound 时限性）包括：第一，你的目标是具体、明确的吗？比如我想成为一个好学生，这就是一个模糊的目标；而我想成为年级前 100 名，这就是一个具体、明确的目标。第二，你的目标是可衡量的吗？我想成为一个好人，这里的"好"怎么来衡量，这就是不可衡量的目标；而我想要成绩前进 10 名，分数增加 10 分，这就是一个可衡量的目标，有具体的衡量标准。第三，你的目标是不是可达成的？好的目标是你垫垫脚就能够达成了，而不是你无法实现的；难以实现的目标会让我们陷入到挫折和失败中，丧失动力。第四，你的目标和你的人生终极计划是相关的吗？我们每一个阶段的目标达成都是为了更好地实现我们的人生终极计划。第五，你的目标是有期限的吗？好的目标一定是有一个完成期限的，而不是遥遥无期。

（2）制订策略

制订目标之后我们需要思考应该使用什么方法去完成它，行动计划的内容之一是我们的行动策略。行动策略主要是以目标为核心，以成果为导向，是帮助我们实现从目标到结果的方法和措施。威廉·科恩曾说："除非制订策略后决定致力于取得好的成果，并认真、系统地实施这个策略；否则一切精力将被用于为昨日的问题辩护。"因此制订策略是十分重要的，它能够更好地帮助我们实现目标，而制订策略后，能否认真地去实践策略更是重中之重。

（3）分析资源与挑战

制订行动策略之后，我们需要整理自己完成行动计划所拥有的资源和面对的挑战。资源包括我们的内部资源和外部资源，内部资源包括你的能力、特长、知识、经验、思维、意志力等，外部资源包括你的家庭支持、学业资源、人脉资源等。在实践中最大的阻碍和挑战其实是自己，我们需要挑战自己的惰性、畏难、拖延、自我否定等，不管任务有多难，只要能够战胜这些阻碍，你就能够顺利完成自己的行动计划。

（4）设定进度安排时间表

行动计划必不可少的部分就是时间期限，必须要有一些清晰、明确的时间节点，而不是模糊的描述。每一个任务都要有一个具体的完成时间，将这个时间限定体现为在不同的时间段完成不同的阶段性目标。比如你年初时打算在年底实现你的核心目标，那在第一个月你需要做到哪些事情呢？在年中你应该达到什么样的程度？在最后一个月你需要完成哪些事情呢？通过设定行动计划的进度时限，可以大大提升我们完成计划的概率和效率。

3. 生涯行动阶段

在生涯行动过程中会经历四个阶段：兴奋期、疲劳期、寂寞期、收获期。随着生涯行动进行到不同的阶段，我们的表现是完全不一样的。生涯行动初期是兴奋期，在兴奋期时我们的积极性强、热情高、态度认真；但是由于是行动初期，还处于盲目阶段，设置的目标和使用的方法都不够科学合理。随着时间推移，我们行动阶段发展到疲劳期，在疲劳期我们的投入度和积极性都大大降低，在行动过程中遇到阻碍就会想要放弃和转换目标，因此在这个阶段我们需要好好进行规划和管理。进入到寂寞期，很多人会开始动摇信念，质疑自己的能力和目标，然后逐渐放弃自己的行动计划，因此寂寞期是行动阶段中至关重要的阶段，行动计划能否成功，对目标能否实现起到至关重要的作用。只有极少部分的人能够来到行动的最后一个阶段收获期，在收获期我们就能幸福地品尝到自己辛勤劳动的果实，感受到成功的喜悦。

4. 行动的度量方法

行动需要通过不断度量来了解，量化行动可以帮助我们清晰地了解到我们的完成情况，帮助我们更快实现行动计划。度量行动可以运用 TAR（Time，Action，Result）度量方法。

（1）Time

TAR 的 T 意味着 Time（时间），通过时间度量行动就是确定我们行动计划的时间段和我们要有效度量的时间段，列举出我们在不同时间段需要完成的行动计划以及这些行动计划在哪些时间段是有效完成的。以时间来度量的时候，首先我们需要注意如果时间段过于复杂琐碎，例如以分钟、小时为单位，那么度量行动就会花费大量的时间和精力。其次如果度量的时间过长，那么很难有度量和指导的意义。

（2）Action

TAR 的 A 意味着 Action（行动）。通过行为来度量就是比照行动者之前制订的行动计划里面的要求，确认行动者是否有做到，如果做了就在计划表上打钩或者涂黑。克雷洛夫曾说过：现实是此岸，理想是彼岸，中间隔着湍急的河流，行动则是架在河川上的桥梁。实际行动才是最好度量的，前期制订计划都是为了后期更好地行动，如果没有行动那么一切都是徒劳。

（3）Result

TAR 的 R 意味着 Result（结果），用结果来度量行动就是通过对结果的满意程度、具体的结果和数字来度量。比如你的任务是去挖一口井，挖井是你的任务，挖到水是结果，但是现实情况中我们可能仅仅只是付诸了挖井的这个行动，挖没挖到水，很多人并不在意，因此很多事情看似付诸了行动，完成了任务，却没有得到结果。虽然结果是衡量行动的重要标准之一，但是"行动不一定会成功，不行动一定不会成功"，一个差的结果也比没有结果强。即使结果不尽如人意，我们还可以不断地完善和改进，去得到一个更好的结果。

5. 生涯行动期的阻力

我们很多人都是"思想上的巨人，行动上的矮子"。那为什么信誓旦旦制订的计划最终却没能够如期完成呢？其实人的大脑是会趋利避害的，能减少能量的消耗就尽量减少，让能量得以存储起来。因此当我们在面对长期、烦琐、困难的生涯计划时，我们的大脑事先对其进行一个预估，认为这些规划和计划会导致自身消耗大量的能量，因此产生阻抗，从而阻碍我们行动。

1981 年，德国心理学家库尔发现人会使用两种不同的策略应对挑战：第一种是"这个挑战好艰巨，好困难，我要赶紧行动起来，改变它"，这是行动导向心态；第二种是"这个挑战好艰巨，好困难，我要调整自己的状态，等我状态好一点，再把它们一下全解决掉"，这是状态导向心态。行动导向的人，伴随着挑战和困难的产生，他们的行动力会被激活；而状态导向的人恰恰相反，伴随着挑战和困难的产生，他们对眼前的困难产生恐惧，会通过不断拖延来逃避。那状态导向的人在面对行动力不足、习惯拖延时应该怎么做呢？

（1）积极暗示，增加信心

1968 年，美国心理学家罗森塔尔和雅各布森来到一所学校，对该校的学生进行实验。他们从不同年级抽取了 3 个班，对这些的学生进行了"未来发展趋势测验"。之后，罗森塔尔以赞许的口吻将一份"最有发展前途者"的名单交给了校长和相关老师。其实，罗森塔尔名单上的学生是随便挑选出来的。8 个月后，罗森塔尔和助手们对名单上的学生进行复试，结果让人意外，因为凡是上了名单的学生，每一个成绩都有较大的进步，而且性格活泼开朗，自信心强，更乐于和别人打交道。大量研究发现积极暗示能够有效提升个人的自信心，而消极暗示会降低我们的信心。信心是行动者成功的精神支柱，如果行动者对自己没有充足的信心，那么在行动过程中就会畏首畏尾，会因为害怕自己失败而放弃行动。因此我们在平时生活中应该有意识训练积极暗示，比如每天起床对着镜子大声念三次"我是最棒的"，将过往成功的事例写在本子上来自我肯定，也可以将一些自我激励的话贴在桌子和床头，等等。

（2）树立危机意识，克服惰性

危机意识就是"生于忧患死于安乐"的忧患意识，危机意识是促进人类进步的动力源泉之一，时刻保持危机意识，能够有效提升主观能动性，激发行动热情，克服惰性。没有危机意识，就没有发展紧迫感，安于现状，就会产生惰性，不断落后。树立危机意识，克服惰性，我们才能做到勤于学，敏于思，坚持博学之，明辨之，以学益智，以学修身，以学增才。

（3）公布计划，寻求监督

很多人在目标完成之前，会不好意思将自己的目标公之于众，害怕自己没有如期完成目标的话会遭到他人的质疑和嘲笑。其实公布计划可以帮助我们寻求监督，让我们有坚持下去的动力。行动者制作好生涯规划书之后，可以将其公布给重要他人，通过向别人展示自己的目标，将他人变成自己的目标监督者。当我们产生惰性、想要拖延和放弃行动时，会想到他人可能会因此对自己产生不好的评价，从而更加努力和坚持不懈。

（4）不断调整目标

生涯目标并不是一成不变的，而是灵活可变的。生涯规划是一个不断探索的过程，在探索的过程中，我们会不断根据探索的加深和情况的变化来调整自己的目标。万事万物只有选择适合自己的，才能更好地发挥自我价值。生涯规划亦是如此，适合我们的目标更能够帮助我们取得成功。目标过高易导致挫败感，目标过低难以实现自我价值，合适的目标是促使我们行动的强大动力。

（5）重视时间管理

世界上最公平的事情就是每个人每天都拥有 24 小时，你如何运用这 24 小时是你能否取得成功的关键所在。做好时间管理可以帮助我们高效利用时间，减少时间的浪费。生涯行动者可以通过时间四象限法则来管理时间，时间四象限法则就是将自己身边所有要做的事情按照紧急、不紧急、重要、不重要的排列组合分成四个象限，象限内事件的处理顺序与事件的紧急程度、重要性相关联。优先处理的是第一象限内的事件，这个象限包含的是一些紧急且重要的事情。第二象限包含那些紧急但不重要的事情，这些事情很紧急但并不重要，因此这一象限的事件具有很大的欺骗性，占据我们很多时间。第三象限包含那些既不重要也不紧急的事件，这些事情大多是浪费时间的，尽量减少时间去做。第四象限的事情是不紧急但是重要，对于这类的事情要做好规划，一步步完成。

（6）及时反馈，自我激励

反馈是及时对行为结果进行评价，能强化行为动机，对行动起促进作用。在漫长的生涯发展期中，如果行动者长期付出，没有得到反馈，就会感到挫败，从而丧失信心和动力。而行动者付出行动和努力，立即给予自己一个正确的反馈，能够给行动者不断坚持的动力和引导行动者不断靠近目标。因此在生涯行动中，我们一定要及时地进行自我反馈，避免毫无目的地前行。

故事导发

0~1 等式三角公式

前两天，一位友人问我是否听说过"0~1 等式三角"，我说没有。于是，他找来一张纸，写下了这样两个三角形等式方程：

0	1
0+0=0	1+1=2
0+0+0=0	1+1+1=3
0+0+0+0=0	1+1+1+1=4
0+0+0+0+0=0	1+1+1+1+1=5
0+0+0+0+0+0+1=1	1+1+1+1+1+1=6
0+0+0+0+0+0+1+0=1	1+1+1+1+1+1+0=6
0+0+0+0+0+1+0+0=1	1+1+1+1+1+1+0+1=7
0+0+0+0+0+1+0+0+0=1	1+1+1+1+1+1+0+1+1=8
0+0+0+0+0+1+0+0+0+0=1	1+1+1+1+1+1+0+1+1+1=9

他把纸递给我看。我只扫了一眼，就没好气地说："你真是无聊，0+0当然等于0，你加到天黑它还是等于0，1+1=2，这个连3岁的孩子都知道！"我瞥了他一眼，"无聊的人搞这些无谓的东西，你不会是想让我做陈景润、华罗庚，搞数学，然后搞'哥德巴赫猜想'吧？"我随手把纸条扔给了他。他只是笑了笑，然后又把纸条递给我，说："你再仔细看看，别把它当成简单的数学等式。"

我看了看，依旧弄不清其中有何玄机，便摇了摇头说："我还是不懂，你就直说吧！"

他又笑了笑："其实这很简单，我提示你一下，等号左边的数字0代表空想，1代表实干，等号右边的数字代表你将来可能取得的成就或地位。才几天不见，你怎么就这么迂了呢？

九个空想比不过一个实干。目标定下了，让我们来实现它！

活动导学

填一填自己的行动方案，并请监督执行。

表 5-4-1 初中三年的行动方案

行动方案执行人：

时间	目标（短、中、长期）	策略与措施
初一阶段		
初二阶段		
初三阶段		

根据你在行动过程中的情况，由你和你的行动方案监督人分别填写你的行动反馈卡：

表 5-4-2 我的行动反馈卡

行动方案监督人：

项目	行动方案执行情况	行动方案监督情况
目标完成度		
获得的经验		
遇到的困难		
建议与总结		

参考文献

［1］孙铭铸.生涯决策及其在高中生选课、选专业上的运用［J］.教育，2018（35）：27-34.

［2］刘雁霞.决策风格、框架效应对风险决策的影响研究［D］.太原：山西大学，2014.

［3］汪红.励生涯［M］.北京：高等教育出版社，2019.

［4］侯志瑾.高中生涯发展指导［M］.北京：北京师范大学出版社，2018.

［5］郑宗军.普通心理学［M］.济南：山东人民出版社，2014.

［6］蔡晓东.高中生涯规划［M］.北京：北京师范大学出版社，2018.

［7］廖丽娟，周隽.中学生心理课（生涯发展）［M］.北京：中国轻工业出版社，2015.

［8］于莉.高中生涯教育［M］.济南：山东大学出版社，2017.

第 5 节　管理自我情绪

情绪就是心情的晴雨表，喜怒哀乐，它时刻伴随，表现在人们的言行举止中。它有时就像一只野兽，它有时又像美丽的云霞，它是五彩的，也是黑白的，更多的时候它如五味瓶一样，又如天气一般善变。所以说，能管理好自己的情绪就显得特别重要。弗洛伊德曾说过，学习掌握自己的情绪是成为文明人的基础。对于初中生而言，管理好情绪，做情绪的主人，这对青少年健康成长为一个对社会有贡献的人尤为重要。

问题导入

初中生拥有美好的青春，同时又处于人生的第二个"断乳期"，由于身心的变化，他们会遇到来自学习、交友、家庭、社会等各方面的压力，会遇到各种各样的困惑，一些不好的情绪诸如焦虑自卑、冷漠孤独、抑郁压抑、易暴易怒、冲动焦躁就在不经意间产生了。这些不良的情绪如果引导管理不好，就会产生不良后果，比如成绩下滑、交际障碍、违纪伤人，有的还引发心理疾病甚至使人走向自杀的可怕绝境。德国著名儿童心理学家夏洛特·彪勒称青春期为"消极反抗期"，处于这一特殊时期的孩子，往往对学习、生活、师长甚至对未来的生活产生消极抵抗的情绪，如果不积极加以引导，会对学生的身心健康和职业前景产生非常不利的影响。所以学会调节、管理、控制情绪，并提高认知他人情绪的能力，不仅有利于身心健康，同时对成长和发展也极为有利。

知识导航

1. 初中生心理发展的特点

初中是一个充满活力、朝气，又容易冲动迷茫的时期，有人把它比作人生的黄金时期，可见初中阶段在一个人成长过程中起着多么重要的作用。这个时期，孩子们不管在身体还是心理上都发生着巨大的变化，学习能力和认知水平不断提升，理想和现实的矛盾加大，学生的成绩分化加大，对未来充满渴望又迷茫无知。根据心理学家的研究，初中生的心理呈现如下特点。

（1）过渡性

这是一个从幼稚逐步走向成熟的过渡时期，之前是儿童期，孩子的身心发展都不够成熟，保留着幼稚童真的特点，进入初中后，孩子在身体和心理方面趋于成熟，有了一定的独立性和自觉性，有了对职业的一些朦胧的认知，但因为是过渡时期，他们的成熟是需要家长和老师的积极引导的，并不是真正的成熟。

（2）封闭性

很多进入初中的孩子，大多数家长反映他们有对父母不敞开心扉，与父母缺乏沟通等问题，父母说几句就沉默不语或者针锋相对。初中生的内心世界更多显示一种闭锁性，其实这是他们内心逐渐变得复杂，开始学会有意识封闭内心，不轻易表露自己，特别是在长辈面前。

（3）社会化

社会化，是指个体掌握和积极再现社会经验，社会联系，社会必需的品质、价值、信念，以及社会所赞许的行为方式的过程。和幼稚纯真的小学相比，初中生心理有了更强的政治性和社会性，他们不像小学生那样过多依赖生理的成熟和家庭、学校环境的影响，而是在很大程度上放眼社会和政治环境的影响。研究表明，中学阶段是一个人兴趣、理想和动机发展的重要阶段，是择友观、人生观、价值观和世界观形成的重要时期，也是品德发展的黄金关键期。理想和信念，兴趣和动机，价值观和世界观等个性意识倾向性，是初中生心理发展中的社会性的重要方面，是初中生未来规划，包括职业生涯规划的重要动力和前进方向。

（4）动荡性

初中生被教育者戏称为一群"熊孩子"，是因为他们处于一个特别的时期——动荡期。他们希望被成人尊重，被看成社会的一员，同时因为心理发展还不够成熟，思维比较片面，认识尚且肤浅，行动又难以自控，所以表现出这个时期特有的动荡不稳定，有行为上也有思想心理上的，我们应积极引导，顺利度过这段时期，逐步走向成熟。

2. 初中生情绪的特点

情绪是个体对客观事物的态度体验及相应的行为反应，它由三部分构成：内心感受和主观体验、生理唤起、表情行为。它是个体对客观事物的状态是否达到了自己的需要、期望而产生的一种内心体验和态度，比如爱、快乐、平静、自豪等美好情绪，恨、生气、焦虑、愤怒等不良情绪等，它们都是情绪的一种。情绪的不同状态会对我们的心理和行为产生影响，比如，遭遇负面情绪，通常会引起人的不愉快的反应。在这种状态下，人的心理、行为、效率等都会受到影响，有时甚至影响到人正常的工作和学习。而积极情绪状态就会引起人愉悦的体验，对心理和行为起到促进作用。所以，对个体而言，情绪需要引导和管理。初中生身心处于快速发展时期，他们的心理出现多重矛盾，常常表现在情绪情感上。因为年龄和身心的关系，内心有很多诉求，但在现实中有时得不到满足或者实现，又找不到恰当的方法来宣泄，所以有时会产生苦恼愤懑、烦躁不堪、冷漠孤独、心灰意冷等情绪情感。这些情绪情感往往有独特的表现，一是鲜明的两极性，简单地说，就是初中生的情绪往往会出现两个极端，如积极的、消极的，肯定的、否定的，激动的、平静的，等等。二是容易产生反抗情绪，心理学家彪勒认为青春期早期（大概相当于初中阶段）情绪以否定倾向为主，孩子们随着身体的急速成熟，容易产生诸如不愉快、心神不宁、郁闷、激动急躁、兴奋等现象，态度变得粗野，甚至产生一些反抗、攻击、破坏等不良行为，而且这种行为常常与和成人（教师或者家长）的代沟有关系。三是心态出现了不平衡的状态，比如热衷激情的活动，不久又变得没精打采，在快乐与痛苦的两极之间摆动等，初中生情绪调节的能力还不够强，随着年级的增加，调节的能力也会随之增加，情绪由不平衡走向稳定；四是学业情绪大，学业情绪，主要是指与学生学业相关的各种情绪体验，它不仅包括学生在学业成功或失败后所体验到的各种情绪，而且包括学生在课堂学习中的情绪体验，在日常作业中的情绪体验，以及在考试期间的情绪体验等。五是初中生的一些高级情感情绪的发展，比如道德感、理智感和美感，初中生在成长过程中，品德得到发展，道德习惯形成，非智力因素（包括情感、意志、气质、性格、习惯、兴趣动机、理想信念等）得到培养，良好的意志品质得到了发展，这对自身的情绪调节有重要作用。

3. 学生自我调节

内因是事物发展的决定性因素，所以孩子们在遭遇不良情绪时，除了来自家庭和老师的帮助外，关键要靠自我调节。

第一，关注自己的身心健康，认识自己的积极情绪和消极情绪，保证充足睡眠，加强体育锻炼，让自己的情绪处于一种积极的状态中，从而使自己的情绪更加稳定；如果遇到负面消极情绪，学会用老师和家长教的方法来调节自己，必要时寻求心理医生的帮助。

第二，学会自我觉察，感受压力来源，这是情绪管理的前提。我们要引导学生自我觉察，了解自己面临压力时，身体会有哪些变化，以及这些变化所带来的影响。对于低年龄段的学生，更是要多观察、多了解，引导他们正确认识情绪。在学习生活中，主动化解不良情绪，保持平和积极的人生态度，正确看待自己，乐观面对问题，心态摆正，成为情绪的主人而不是俘虏。

学会其他恰当的调节情绪的方法并积极运用。

——**合理宣泄情绪**，找好朋友、老师、父母倾诉交流，如果情绪狂躁，告诉自己遇到事情先冷静，在心里默数十个数再说。

——**积极自我暗示**，告诉自己"我能战胜不良情绪，我一定可以"。

——**转移注意力来调节情绪**，比如做跑步、打篮球等有氧运动，吃一顿喜欢的美食，听一些自己喜欢的歌或者做一件自己喜欢的事情。

——**用一些心理学的方法来放松**，比如呼吸放松法。利用腹部深呼吸和长舒气，放松身体肌肉，降低情绪紧张状态，进而取得自然放松的效果，如静心冥想，在舒心安静的音乐氛围中，想象自己如何战胜坏的情绪。

第三，学习情绪 ABC 理论，乐观看待成败得失。

情绪 ABC 理论认为，人们产生情绪的过程，是对激发事件（A）的认识与评价（B）所导致的结果（C），而人们产生不良情绪的原因，就是对激发事件的错误观念与非理性观念。学生在遇到问题时，可以运用 ABC 理论调节不良情绪，先列出引发不良情绪的刺激事件，然后列出自己对这一事件的认知与评价，找出对事件认知上的非理性观念，并进行纠正，以达到情绪上的改变。

举个例子，一个成绩较好的孩子，在期末考试中成绩下滑，他非常焦虑沮丧，这时候，我们利用 ABC 理论，列出激发事件，如"我的期末成绩没考好"，引导分析对自身的错误性评价，如"我太笨了""同学们一定会嘲笑我""我一定考不上好高中了"，这是焦虑的原因。然后开展自我分析，进行纠正，如"一次普通考试的成绩不代表中考""一次成绩不能说明一个人聪明或愚笨""你怎么知道同学们会嘲笑你？是你多虑了"。最后利用理性的观念，如"我知道自己哪里学得不好了""这次考试成绩对于我来说是一种警醒，说明我一些知识不牢固"等评价自己，把非理性观念调整为理性观念，正确看待成败得失，学会接受最坏的结果，分享积极心态，产生积极正向的情绪。

参考文献

［1］周佳.青春期学生情绪管理探析［J］.广西教育，2012（23）：96-97.

［2］林崇德.中学生心理学［M］.北京：中国轻工业出版社，2013.

［3］胡吉红，刘华政.浅谈学生情绪引导机制的构建［J］.教学与管理，2012（9）：65-66.

［4］张伟.论生本课堂的情绪管理［J］.教育理论与实践，2012，32（22）：60-64.

［5］沃建中，曹凌雁.中学生情绪调节能力的发展特点［J］.应用心理学，2003，9（2）：11-15.

［6］俞国良，董妍.学业情绪研究及其对学生发展的意义［J］.教育研究，2005，26（10）：39-43.

［7］万文昌.提高学生情绪管理能力刻不容缓［J］.中小学管理，2018（2）：62-62.

［8］卓秀芳.初中生情绪管理策略研究［J］.成才之路，2019（2）：99.

第 6 节　诠释生命的意义

问题导入

　　"人为什么活着？""生命的意义到底是什么？"关于这个问题，古今中外，不同的人给出了不同的答案：有的人觉得生命的意义就在于获取高官厚禄，有的人觉得平平淡淡、健健康康才幸福；有的人一生都在损人利己谋取私利，有的人把青春和生命献给自己最爱的祖国；一些人生活苟且，鼠目寸光；一些人从小立志，以天下为己任。生命是短暂的，懂得生命真谛的人，他的生命就会延长；生命是薄脆的，懂得生命意义的人，他的生命就会丰厚。范仲淹二岁而孤却心系天下，周恩来少年立志"为中华之崛起而读书"，无数的事实告诉我们，少年时懂得生命的珍贵和生命的意义，才会有为此而奋斗的决心。歌德曾说，"你若要喜爱你自己的价值，你就得给世界创造价值"，生命的意义就在此！

知识导航

1.生命教育及其紧迫性

　　宇宙茫茫，人何其渺小？人最宝贵的东西到底是什么？答案是唯一的——生命。可是在现实中，一些孩子因为种种原因轻易糟践最宝贵的生命，意外事故、自杀的或者违法犯罪杀人的，数字让人触目惊心。面对这些现象，我们确实应该深深思考，没有生命，何谈未来？没有生命，何谈家国？对这些问题，我们不能只简单地看作是心理问题引起，而更多要从生命意识缺失的角度，认识到问题的严峻性，从而找到解决问题的办法，重视接受生命教育。生命教育是以跨学科为特征，以人与自然、人与自我、人与社会的关系为核心内容的一门教育科学。它使教育者帮助受教育者发现生命的价值和意义，寻找生命的生长点，懂得尊重和敬畏生命。生命教育能帮助青少年树立正确的生命观，让他们的生命与自然、社会、他人建立起美好、和谐的关系。

在我国，虽然"生命教育"一词貌似新鲜，但其实对生命教育的探索在春秋战国时期就有了。《论语》中子路问孔子："敢问死？"孔子回答："未知生，焉知死。"在孔子看来，比"知死"更重要的是"知生"。孔子倡导的"知生"教育，其实就是理解生命，追求生命的意义，从而实现生命的社会价值。这种"知生"教育，既有"身体发肤受之父母，不敢毁伤"的对生命肉体的关爱，更有所谓"志士仁人，无求生以害仁，有杀生以成仁"等对道德生命的推崇。在一定意义上，一部中华文明史就是探寻生命意义的历史。

"生命教育"一词在中国大陆最早出现于 20 世纪 90 年代中期。2000 年以后，湖南、辽宁、上海、云南等多个省份或直辖市开始实施生命教育。我国生命教育大多借鉴西方理论，融入我国传统文化，通过心理学、生命哲学、社会学、教育学和生命科学等学科理论来研讨。

改革开放以来，中国社会处于急剧变革的阶段，人们的行为方式、生活方式、价值体系都在发生明显的变化。很多人在精神层面逐渐处于一种疏离状态：与自然疏离，与社会疏离，与信仰疏离，也与人自身疏离。这种疏离状态一方面使得一些人的生命意识淡薄、迷失，吸毒、精神抑郁、自杀等成为日益严重的社会问题；另一方面也使得人的生命的宝贵性与神圣性被消解，现实中轻视生命、漠视生命、践踏生命的现象屡见不鲜。所以，初中生的生命教育尤为重要。作为"00 后"，他们处于从儿童到成年人的过渡时期，他们的青春是美好的，同时也是充满困扰的，因此常常陷入迷惘、无所适从的境地。现在的外在大环境，过分重视物质，急功近利，社会环境纷繁复杂，家长工作节奏加快，疏于管理，使得青少年学生很容易产生生理、心理、道德发展的不平衡。当这些困惑得不到切实、及时的关注和指导，就很容易产生一些心理问题，甚至滑到轻生的边缘。有统计表明，我国 15 到 34 岁的人群，自杀是第一位的死因，占相应人群死亡总数的 19%。除此之外，在现实生活中，由于青少年漠视生命而导致的其他社会问题也日益严峻，青少年学生相对缺乏社会经验和明辨是非的能力，很容易发生人身安全以及因为人际关系紧张而导致的极端行为等问题。

北京大学学生心理健康教育与咨询中心副主任徐凯文在"时代空心病与焦虑经济学"主题演讲中，首次提出了"空心病"的概念，"空心病"看起来像抑郁症，情绪低落，兴趣减退，快感缺乏，但所有的药物都无效，他认为这是一种价值观缺陷所导致的心理障碍。从某种程度上来说，一个人对生命的尊重和敬畏决定他人生的意义和价值。所以，对刚步入青春期并对人生前途怀着无限憧憬的初中生来说，进行生命教育迫在眉睫。

2010 年 7 月 29 日正式公布实施的《国家中长期教育改革和发展规划纲要（2010—2020年）》在战略主题中明确提出了"重视安全教育、生命教育、国防教育、可持续发展教育"，进行生命教育已成为国家教育发展的战略决策，成为了重要的德育课程之一。

2. 尊重生命是生命教育的重要内涵

初中生年龄不大，社会阅历还不够丰富，知识面也窄，所以引导他们认识生命、了解生命的内涵非常重要。生命的内涵既表现在尊重自身生命，也表现在尊重他人生命，因为人与人之间是平等的，用一双善良的眼睛去悦纳别人，用一颗包容之心去对待他人，用一双有爱的手去帮助别人，才算懂得尊重别人，才不会随意伤害别人，甚至夺去别人的生命。尊重生命也表现在尊重自然界的各种生命，人与自然和谐共处。懂得敬畏自然，尊重自然，我们才会在自然界中生生不息。但对初中生来说，我们重点谈的是对自身生命的善待。

身体发肤，受之父母，我们每个人都有义务去保护尊重它。一个人只有生命存在，剩下的一切才有意义。所以，作为学校，要通过一些主题活动引导学生理解生命的起源、生命的可贵、生命的意义和价值，让学生敬畏生命，从而热爱并懂得去保护自己的生命！一个热爱生命的孩子，才会有生命的激情，这是青春有朝气的初中生热爱生命的重要基础，这会给他们生活的勇气与前进的动力。所以，学校和家庭在培育青少年生命意识的过程中，要不断激发青少年对生命的渴望和热爱之情，从而产生对生命力量的崇拜之情，这种情感是推进青少年成长成才的重要精神支撑。可以从几个方面去引导，一是用老师和家长本身对生命的态度，对生命的热情和爱，用它去感染孩子们；二是用榜样的力量，用崇高的信仰点燃生命激情，比如一些相关的故事，故事中感人的力量等；三是提升孩子们生存的意志，"生存意志"真正内涵指的是每个生物为了活着而不断奋勇直前，不停与死亡做斗争却从不放弃的坚毅精神，要引导青少年明确生存意志是生命存在的重要条件，更是每个人不可缺少的基本素质；四是要注重培育青少年的生存技能。如基本的学习技能、做事技能与自我调节技能。生存技能的强弱往往会决定一个孩子的生活质量，青少年拥有良好的生存技能是提升自身的生存意志的重要基础。

3. 引导对生命意义的理解

拥有健康鲜活的生命，是实现生命价值的基本前提，只有价值的实现，我们的生命才有意义。

生命意义是每个人追求美好生活的重要基础，因为人不是纯粹的动物，人是意义的存在，人生必须追问意义，活在意义之中。的确。一个人只有意识到自身生命的价值，才可能会去探索自身生命的意义，这样就能促使个体对生命的敬畏和加倍珍惜，这是培养孩子们热爱生命的动力源泉。那么，我们从哪些方面引导孩子去正确理解生命的意义呢？

首先，培养青少年对生命的正确态度。对待生命的正确态度应该是乐观积极的。我们生活的道路不可能一帆风顺，有平坦有坎坷，有顺境有逆境，青少年要勇敢面对自己的生活，在遇到困难的时不轻易放弃，而是用乐观积极的态度对待，学会用期待的心态看待生活，形成良好的生命情感，积极发现生活的真善美，找到属于自己的独特的生命意义。

其次，引导青少年肯定自我存在的价值。每个个体的生命都有它存在的价值。每个人在追寻生命意义的过程中，会遇到各种困难、挫折甚至是失败，所以一些人总在这个过程中自我怀疑甚至自我否定，有的止步不前，有的终止生命。我们只有在追寻生命价值的过程中学会肯定自我存在，学会理解我们的存在对亲人、社会、国家的意义，从而感受到生命的美好，进而热爱、珍惜生命。所以教育青少年懂得自我肯定，认识自我价值，树立远大目标，积极投身学习中，才会让生命更有意义。

最后，引导孩子肯定他人的存在。一花独放不是春，百花齐放春满园。我们每个人都生活在集体之中，人与人之间的和谐交往是生命价值的沃土，所以懂得悦纳别人、肯定别人的生命意义非常重要，学会肯定别人更是得到别人肯定的重要前提。初中生最重要的关系之一就是同伴关系，他们在互相交往中彼此肯定、共同成长，找到努力的方向，找到生命的意义，从而更加热爱生命，热爱生活。

故事导发

生命的意义和人生的价值

什么样的生命才有意义？什么样的人生才有价值？

"生命是自然生命和价值生命的统一。生命的发展过程，在一定的意义上体现为在自然生命的基础上不断追求和实现生命价值的过程。"所以，提升青少年对生命价值的追求是生命教育的重要问题。生命价值不仅关系到青少年自身的发展，更关系到实现中华民族伟大复兴的历史使命。因此，在培育青少年生命意识的过程中，要让青少年明确生命价值的含义，并引导青少年通过努力不断实现自身生命价值。

生命价值是个人价值和社会价值的统一。个人价值就如一块砖瓦，社会价值就如高楼大厦，只有每个人都贡献自己的力量，社会价值才能完美实现。我们每个个体，除了自身价值的充分体现，更重要的是要有社会的价值，你的付出为别人、社会、国家服务，我们人生的价值才会真正体现。我们在指导初中生进行职业规划时，引导他们懂得在实现社会价值的前提下去追求个人价值。从古至今，我们的中华民族就是这么做的。

现在一些人认为孩子们的德育要落到实处，注重安全教育、生命教育，这固然是不错的，孩子生命价值和意义的教育，应该从小就抓起。有人说这是假大空的套话，但是翻看我们中华的史册，多少中国的脊梁都是从小立志，一个胸怀家国天下的孩子他一定更懂得生命的可贵、生命的价值，从而为实现远大目标而不懈奋斗。也就是说，这样的孩子，他们的职业规划不仅仅只体现在实现个人的价值上，而是更多体现在社会价值上，他们生命的意义就会更充盈。

参考文献

［1］刘煜.呼唤"立人"与"成人"的生命教育［J］.教育家，2020（46）：66.

［2］韩震，郑国民，王葎.生命教育与青少年健康成长［J］.中国教师，2010（7）：19-21.

［3］杨艳.中学生探索生命价值和意义的重要性［J］.中小学心理健康教育，2020（34）：36-38.

［4］冯建军.教育的人学视野［M］.合肥：安徽教育出版社，2008：194.

［5］任晓伟.关于在高校思想政治理论课程中渗透生命价值教育的几点思考［J］.思想教育研究，2013（3）：77-81.